《家长如何与老师沟通》编委会

《家长阅读》丛书

家长如何与老师沟通

《家长阅读》丛书编委会◎编

河海大学出版社
HOHAI UNIVERSITY PRESS
·南京·

图书在版编目(CIP)数据

家长如何与老师沟通 /《家长阅读》丛书编委会编
. --南京 ：河海大学出版社，2023.11
(《家长阅读》丛书)
ISBN 978-7-5630-8540-8

Ⅰ. ①家… Ⅱ. ①家… Ⅲ. ①家庭教育—研究—中国
Ⅳ. ①G78

中国国家版本馆 CIP 数据核字(2023)第 236538 号

书　　名　家长如何与老师沟通
　　　　　JIAZHANG RUHE YU LAOSHI GOUTONG
书　　号　ISBN 978-7-5630-8540-8
责任编辑　吴　淼
特约校对　丁　甲
封面设计　徐娟娟
出版发行　河海大学出版社
地　　址　南京市西康路 1 号(邮编:210098)
电　　话　(025)83737852(总编室)
　　　　　(025)83722833(营销部)
　　　　　(025)83786652(编辑室)
经　　销　江苏省新华发行集团有限公司
排　　版　南京布克文化发展有限公司
印　　刷　江苏农垦机关印刷厂有限公司
开　　本　880 毫米×1230 毫米　1/32
印　　张　2.75
字　　数　60 千字
版　　次　2023 年 11 月第 1 版
印　　次　2023 年 11 月第 1 次印刷
定　　价　15.00 元

前 言

家庭是社会的基本细胞，家庭承载着国家与民族的前途和希望。“天下之本在国，国之本在家”“家和万事兴，家齐国安宁”。以习近平同志为核心的党中央高度重视家庭、家教和家风建设。在2018年全国教育大会上，习近平总书记对家庭教育作了“四个第一”的精辟概括。他指出，家庭是人生的第一所学校，家长是孩子的第一任老师，要给孩子讲好“人生第一课”，帮助扣好“人生第一粒扣子”。在2015年春节团拜会上，习近平总书记谆谆告诫大家：不论时代发生多大变化，不论生活格局发生多大变化，我们都要重视家庭建设，注重家庭、注重家教、注重家风，紧密结合培育和弘扬社会主义核心价值观，发扬光大中华民族传统家庭美德，促进家庭和睦，促进亲人相亲相爱，促进下一代健康成长，促进老年人老有所养，使千千万万个家庭成为国家发展、民族进步、社会和谐的重要基点。

2021年10月23日，第十三届全国人民代表大会常务委员会第三十一次会议通过了《中华人民共和国家庭教育促进法》（以下简称《家庭教育促进法》），标志着家庭教育真正地由“家事”变成“国事”。

认真学习习近平总书记对家庭教育的系列讲话精神，全面贯彻落实《家庭教育促进法》，进而实现中华民族伟大复兴的“中国梦”，是我们编纂《家长阅读》丛书的初衷。

坚持科学性、知识性、趣味性，立足高品位，弘扬正能量，博采天下家教精华，读者朋友喜闻乐见，成为“家长的益友，家教的良师”，是《家长阅读》丛书的编纂宗旨，也是《家长阅读》丛书不懈追求的目标。

家庭教育是一切教育的基础。家庭教育决定孩子的未来。走进新时代，如何做一名合格的家长，是每一位负责任、有担当的家长不能回避的问题。

为国教子，是新时代家庭教育的价值取向。坚持为家教子与为国教子的有机统一，坚持个人成长与社会进步的有机统一，万户千家共同发力，各方能量竞相叠加，才能形成民族前行的磅礴之势。

立德树人，是新时代家庭教育的核心要义。家长要善于掌握规律，科学育德，灵活育德，根据新时代儿童成长特点，培养孩子高尚的操守和优秀的品格。

以身垂范，是新时代家庭教育的基本方法。家长要秉持正确的世界观、人生观、价值观，谨言慎行，防微杜渐，言传身教，做好表率。

本套丛书的编纂工作，得到河海大学出版社的鼎力支持，国内著名家庭教育专家赵忠心、赵刚、卢勤、王大龙等老师也倾力相助，在此谨致衷心的感谢！

《家长阅读》丛书编委会

目 录

第 1 章　家教视点

引言：正如苏联著名教育实践家和教育理论家瓦·阿·苏霍姆林斯基所言："教育的效果取决于学校和家庭教育影响的一致性。"家校沟通的目的是孩子的健康成长，让孩子充分享受来自学校、老师、家长的关爱。沟通可以促进家长和老师相互理解，沟通便于老师、家长随时掌握孩子在家在校的表现，沟通可以及时发现并解决孩子成长中的许多问题，沟通可以让孩子明晰自己的学习目的、努力方向，培养孩子的责任感、自信心……让我们携起手来，共同打造温馨和谐的家校合作氛围吧！

家长与老师沟通的几个原则

对于孩子的成长而言，学校教育与家庭教育都是教育的重要形式，它们各有特点、各有优势，但是目标相同，都对孩子的成长有着不可替代的作用。

没错，孩子的成长离不开老师和家长的协作。无论孩子的问题出现在家里，还是发生在学校，无论背后的真实原因是什么，都需要家长和老师及时地沟通和交流，找到问题及其根源，并发挥各自的教育优势，相互配合，共同解决问题，促进孩子的健康成长。

如果家长忽视与老师的沟通和交流，就会影响彼此对孩子的了解、教育和引导，无法形成教育合力，势必影响到孩子的学习和成长。

可以说，在引导孩子进步和成长的过程中，家长和老师是合作伙伴，彼此应该保持有效的沟通和交流，这是家校共育的基础和前提。

作为家长，为了促进孩子的健康成长，为了实现与老师良好的沟通与交流，需要把握以下几个原则。

一、尊重原则

要想实现与老师的良好沟通，家长首先要发自内心地尊重老师，应该敬畏教师的职业和工作。

家长应该清楚，老师是受过专业师范教育的，他们比较了解儿童的成长特点和规律，通常比家长更懂教育。而且，老师大多带过很多学生，见过各种类型的孩子，处理孩子的各种问题也都比较有经验。

家长在学习经历、工作经历等方面，与老师会存在较大的差异，彼此想法不同也是正常的。特别是家长对教育的理解可能不够深入，也普遍缺乏教育经验和教育方法。这就要求家长对老师要足够尊重，应该重视与老师的每一次沟通和交流，尤其要重视与老师的首次沟通。给老师留下好的第一印象，可以为以后的沟通与交流奠定良好的基础。

当然，家长应该把自己和老师的关系定位为合作伙伴，彼此之间是平等的，需要紧密沟通、配合。家长既不能因为自己学历高、社会地位高，就有优越感；也不能因为自身学历低,孩子成绩差、表现不够好,就在老师面前很自卑。别让自己与老师的沟通和交流,变成一种心理负担。

在和老师沟通的过程中,家长应该足够理性,要懂得换位思考,应该选择相信老师,不能站在老师的对立面,不能偏听偏信孩子的话,更不能带着负面情绪与老师沟通,对老师“兴师问罪”。

二、主动沟通原则

为了孩子的学习和成长,在与老师沟通和交流的问题上,家长的态度要足够积极,应该找时机主动和老师沟通。不要总是因为老师工作忙,自己的事也比较多,就认为只要孩子没出什么事,就不用沟通了。

家长要明白,在教育孩子过程中,家长和老师是合作伙伴,相互之间应该积极配合。尤其是家长,在学期初、学期末、家长开放日、学校家长会、老师家访等需要和老师沟通的时间节点,更是应该放下手头不是很紧急的事,要态度积极、十分真诚地和老师沟通与交流。

当孩子出现某种学习或行为上的问题时,或在家庭出现一些可能影响到孩子学习和成长的变故时,家长更是要主动、及时与老师沟通,时间安排也应该尽量宽裕一点,这样和老师的交流会更充分一些,也更有利于问题的解决。

三、正面沟通原则

家长与老师的沟通,应该以尊重和信任为前提,态度要积极,语气要温和,应该先认同和肯定老师对孩子的教育与引导,并对老师的付出和努力表示感谢。

在交流孩子的问题时,应该认真倾听老师的分析和指导意见,并要注意在倾听过程中,不能随意打断老师的话,不能随意插入自己的见解,应该用点头、微笑、专注倾听的方式,表达家长真诚的态度。

当然，在沟通和交流过程中，家长还应该坦诚地把自己的想法说给老师听，语气要平和，思路要清晰，应该真诚地表达自己的意见和感受，并请求老师给予指导、配合或帮助。

如果不认同老师的某些观点，也可以礼貌、得体地表达自己的看法，但要足够理性，应该多一些体谅和包容，要避免失礼的、不得体的情绪和语言。

在谈及孩子的问题时，既不向老师告状，希望老师“修理”孩子；也不护短，不轻信孩子的一面之词。

总之，在和老师沟通孩子的情况时，家长应该坚持正面沟通的原则，态度要积极、真诚，应该多理解，多认同，少质疑，不争辩，要以沟通情况、反馈信息、解决问题、促进孩子成长为目的。

四、适度原则

首先，距离要适度。家长和老师的关系定位，应该是目标一致的合作伙伴，彼此要保持合适、得体的距离。尤其是做家长的，既不能和老师太过亲近，也不能让关系比较疏远。

其次，态度要适度。家长和老师沟通时，无论是面对面的沟通，还是在电话里交流，都应该表现出对老师足够的尊重。具体说来，家长的态度要真诚，语气要平和，表达自己的看法时，应该比较得体，要有分寸感。

再次，沟通要适度。沟通要到位，但不越位。家长应该明白疏忽沟通和过度沟通，都是不合适的。沟通不到位，不利于对孩子的教育和引导；而过度的沟通与交流，则可能因种种原因引发老师的不适。要保持适度的沟通，尤其应该注意不能占用老师太多时间。因为频繁地和老师沟通，会影响到老师的工作和休息，使其无法专注地投入到教育教学工作中。

最后，观点和意见的表达要适度。在和老师沟通时，家长可以提出自己的想法，也可以表达与老师不同的意见，但是态度要端正，情绪和语言应该得体、适度。要注意不能找老师的毛病，不能埋怨、指责老师，不应该发泄自己的不满，也不要对老师提出过多要求，尤其不该要求老师格外照顾自己的孩子，比如：排座位、当干部、进社团、评优秀等。当然，家长也不应该和老师谈及过多的家务事，既不向老师诉苦，也不抱怨家人。要清楚，老师的时间和精力有限，老师的职责，也不是帮我们解决家庭问题。

五、结果导向原则

家长在与老师沟通和交流时，应该足够清醒和理性，要以目的和愿望为导向，应该紧紧围绕沟通情况、解决问题、促进孩子成长这一目标，进行积极的、有建设性的沟通。

认同和肯定老师的观点时，可以直接表达出来。而与老师有不同的想法和意见时，则应该在私下里交流，绝不能在家长群里公开表达不满或质疑。

作为家长，应该尽力维护好与老师的关系，起码不能与老师对立、结怨。最基本的要求，就是不抱怨、不指责、不否定、不冲突、不对抗，绝不能因为出现一些矛盾，就要找校长、找媒体，就不依不饶。

总之，作为家长，要注重学习和提升自己，应该真诚地对待老师。要意识到，老师是与自己目标相同的伙伴，应该懂得良好的沟通与交流是家长与老师合作共育的桥梁。只有沟通顺畅了，交流充分了，彼此的关系和谐了，教育合力才可能形成，才会对孩子的进步和成长产生积极的促进作用。

（廉福录）

优秀家长都是沟通高手

家校沟通对孩子的成长大有裨益,因为它可以让家长和老师互相分享更多的经验,了解更多的知识,感悟更多的情感,领会更多的道理,内化更多的智慧。家长若想让孩子在成长过程中出类拔萃,自己就得努力成为家校沟通方面的高手。

孩子的成长道路从来就不会一帆风顺,成功也绝不会一蹴而就。作为现代家长,我们会期冀孩子确立正确的人生目标,并鼓励他们为之而努力拼搏。我们会告诉孩子,这个世界很大很精彩,也很有包容性,不必一味艳羡玫瑰、牡丹的妖娆富贵,茉莉、雏菊、向日葵,乃至无名小花,自有独特芳香。我们亦会教育孩子"做好自己",做饱读诗书、内心丰盈的自己,做眼界开阔、心胸远大的自己,做躬行不辍、坚持不懈的自己。我们告诫他们,若想成就这样的自己,需每日与学习相随,与知识为伍,与益友作伴。如此这般,他们会不断地去"修饰"自己,成就自己美好的人生!

诚然,作为父母,我们倘若真能这么去做,绝无半点儿错。可是,这确实还远远不够!倘若你是一名真正优秀的家长,定会继续为孩子作出诸多方面的努力:创造财富、言传身教、培养习惯、锤炼意志……然而,笔者在此想指出的至关重要的一点,便是家长应当适时、适度地和老师加强联系,架好家校之间有效沟通的桥梁。

当今社会,生活烦琐,处处是肉眼可见的内卷内耗,很容易把每个人原先的热情消磨殆尽。然而,家校沟通却着实需要家长付出一定的时间以及足够的精力和心力，更需要掌握一定的沟通技巧和方法。当前的家校沟通，时常会呈现一曝十寒的现状。现实中，家长积极主动与学校老师沟通的有效频次并不多。但是，令我们坚信的一点是，家长只要用心付出，终究会有所获。试想，若家长什么都不舍得付出，孩子如何才能离成人、成才的既定目标更加接近呢？可以说，家长为孩子所付出的每一滴汗水、每一点努力，与老师为学生所做的一切目标是相同的。家长平时若能用心付出一定的时间和精力，积极主动、不失时机地和老师加强沟通交流，这就已然使得自己的子女胜出了同龄的孩子！

家校之间的有效沟通，对孩子的健康成长的作用是毋庸置疑的。除了当面交流、电话联系之外，网络平台也使得家长与老师沟通交流的形式变得丰富多样起来。这极大地方便了家校之间的交流，更加赋予家校沟通超越时空的力量。

作为现代家长，我们的家校沟通也应与时俱进。如今，学校各班级在建班之初，便会主动在网络上组建班级群，主要用于平时的通知发布、作业告知、资料共享等，而家长也可在群里充分实现信息互通、沟通交流等。

青少年由于年龄小、社会阅历浅，很容易犯错，如若不加以及时引导，就容易走上人生歧途。为此，家校应该通力合作，为孩子树立良好的学习榜样，让孩子从他人身上汲取有益经验，做到知错能改。“良药苦口利于病，忠言逆耳利于行。”作为家长，我们应该重视教育，引导孩子格外珍视班级老师的谆谆教诲，特别是从同龄伙伴身上发现闪光处，汲取精神营养，以期不断校正、提升自己。家长要充分关注班级群信息和学科老师私信等，及时予以回复，并做到有效沟通，积极支持、配合老师完成相关工作。如果我们家长平时能够充分关注、重视、尊重学校老师的意见和建议，对孩子进行正确引导，就可以让孩子及时发现自己身上的优缺点，努力做到扬长避短。唯有如此，孩子们将来的人生才可能少走弯路！

家校之间如能进行及时而有效的沟通，就很容易让孩子倍加感受到来自家长的温暖与关怀。我们知道，孩子们在成长的过程中，总会遇到各种各样的烦恼。也许他们曾经为自己不够优秀而自卑，也许他们因为性格内向而不敢与人交流，也许他们曾经受伙伴排挤而流泪，也许他们因学习吃力而痛苦心焦……其实，这一切并不可怕，因为没有烦恼就没有成长。孩子们也只有在能够应对一个个成长问题后，才会渐渐长大。

笔者身为一名老师，时常会发现：仍旧有为数不少的家长会漠视孩子在成长过程中遇到的问题，很少和老师进行有效的沟通交流。他们总愿意把一切都推给学校和老师，从而让自己惬意地当起了“甩手掌柜”！作为父母，我们应该知道，孩子在成长过程中遇到的一些成长问题，是他们仅凭自身力量无法解决的，这或许与孩子们的身心发展特点、能力发展水平密切相关。此时的他们，或许会感到十分无助与委屈。特别是那些平时被家长忽视的孩子，会认为自己在家长心目中是不重要的，感到没有人爱自己。在这种情况下，孩子会极其渴望得到家长的关注和帮助，以及时解决自己面临的困难。比如置身于陌生的环境里，或到了新的学校、新的班级无法适应，等等。这时，家长是孩子唯一的依靠，如若没有及时得到家长的帮助，他们就会感到十分无助，甚至会产生焦虑和恐惧心理，从此害怕与他人接触，极易形成自卑、抑郁的性格。

倘若已然察觉到了孩子出现这些现象，有心的家长是绝不会掉以轻心、置之不理的。此时，家长应该及时和学校老师取得联系，通过彼此间的沟通交流，充分了解孩子在校的真实情况。因为，孩子的大部分时间是在学校度过的，有时老师的观察往往比家长的观察更加全面、具体。因此，家长应该积极尝试和老师加强沟通，以便及时了解孩子在学校中的各种表现，从而捕捉到孩子在学习和生活中的困惑、烦恼及需求。在此基础上，家长再与孩子进行亲密的聊天交流，真正走进孩子的内心世界，了解孩子的真实需求和想法。这样，当孩子遇到困难时，家长就能作出是否需要给予其帮助的判断，才能用恰当的方式作出有效的回应。

孩子是祖国的未来，民族的希望。作为家长，我们应该努力做家校沟通的高手，悉心守护孩子们生命历程中的拔节生长。为此，家长和老师应该携手齐心，努力加强沟通，共同培育孩子。唯有如此，我们才能静待孩子们有如鲜花一样，无忧无虑地绽放！

（蒋建飞）

家长应学会与老师进行沟通

孩子如小树，是祖国的未来、家庭的希望，如何施肥、剪枝、除害虫，让这棵小树成长为郁郁葱葱的栋梁之材，是我们必须深入思考的问题。

小学阶段，尤其是低年级的孩子，学习、生活的良好习惯还没有稳定成型，具有很大的可塑性，这就更需要我们家长倾注大量的精力，而与老师沟通则是必不可少又非常重要的环节。与老师携手，不但可以有效地帮助孩子养成受益终身的各种好习惯，而且，各科老师最清楚孩子学习的具体情况，通过沟通，家长再对症督促、指导，可以收到事半功倍的效果。共同育儿的家校伙伴关系有利于提供更一致的教育支持和指导，促进孩子的整体发展。

那么，我们该如何与老师进行良好有效的沟通呢？个人觉得应着重注意以下事项。

一、采取正确的态度

天下没有不想教好学生的老师，但是，老师是人不是神，想一想，一个班有几十个孩子，而老师的精力是有限的。只能靠我们家长积极主动配合老师，在双方的共同努力下，让孩子获得更多关注和指导。

如果老师对我们的孩子有所疏忽，或者工作中出现了一些差错，我们都要给予足够的理解和包容。同时，对老师的尊重任何时候都不能丢。理解、包容、尊重，是良好沟通的基础。

二、讲究沟通方法

老师的工作很繁忙，我们要体谅老师，不要动不动就去打扰老师。具有同理心的人，也会被老师认可，更有利于沟通。针对不同的情况，可以采取不同的沟通方法。

1. 积极参加家长会，并认真听讲，仔细记录。

出席家长会，不但可以了解到孩子的学习情况，还可以了解到孩子所在班级的整体情况，便于作横向比较。同时，可以结合家长会内容及时与老师进行交流，往往事半功倍。另外，出席家长会也体现了家长对孩子的关爱和对老师的尊重，能赢得老师的好感，为良好沟通打下基础。

2. 小事情采用微信等方式沟通。

如果只是想与老师分享孩子在家里的表现、询问一些事情的进展或者是提出一些建议等等简单的事情，可以通过微信或者学校指定的通信平台等与老师保持联系。沟通时要注意语言简明扼要，不要啰里啰嗦占用老师太多时间。

3. 复杂问题，预约好时间再去拜访老师。

有些时候，我们必须和老师面谈才能进行深入的交流并解决问题。那我们应该与老师提前预约好时间，并简要说明想要沟通的事情，再准时拜访。这样做，一方面可以让老师感受到你对他的尊重，有利于后续的顺利交流。另一方面，也可以让老师提前做好时间安排，保证交流的充分性。老师又不是大闲人，怎么可能你随时去人家都有大把的时间听你说？而且，老师对家长来访的目的有所准备后，交流起来才能更有效。

三、拜访前做好准备工作,提高沟通效率

我们应该先和自己的孩子进行细致的谈话,了解他的心理和诉求。同时平时就要留心孩子在家里的学习、生活情况,这样,才能及时准确地将孩子在校外的情况反馈给老师,从而通过与老师沟通,达到真正的家校携手共同教育好孩子的目的。比如说,孩子上二年级的时候,我通过和孩子谈心,掌握了他想成绩好又怕下功夫的心理。当我和老师反馈了这个情况后,老师就安排了一个同学给孩子当徒弟。我则对孩子说:"你是师傅,必须表现好、成绩好,否则徒弟是不会服你的。"果然,孩子不但督促徒弟写字、背书,自己也很认真,两人成绩都得到了很大提高。

另外,对于我们想向老师了解的一些情况,也要事先梳理好,可以列出提纲,防止到时候忘记了。

四、当面与老师沟通时要注意小细节

俗话说"细节决定成败",与老师沟通时我们一定要有礼有节,尤其是容易被忽略的肢体语言,务必要注意。比如说抱着双臂,给人的感觉就是高高在上,会妨碍沟通的顺利进行。

另外,沟通正式开始前,我们可以通过感谢的方式先真诚地肯定老师的工作。比如说,"孩子说他星期一去请教您问题,您正在吃早饭。但您立刻就放下了食物为他讲解起来,可是他一直没弄懂,您就一直不停地讲,最后早饭都凉了。孩子说您真是一位好老师,我们听了也很是感谢您"。

人都是喜欢被肯定的，老师高兴了，沟通的效果自然会好。

当遇到一些分歧时，我们一定要站在客观公正的立场，不可偏袒自己的孩子。即使觉得自己有道理，也不可咄咄逼人，必须温文尔雅，有理不在声高。否则，给老师造成“挑战权威”的感觉就不好收场了。

五、与老师沟通要注意频率

我们爱孩子无可厚非，但是，我们不能只考虑自己，毕竟老师面对的是一个班级的孩子，所以，我们与老师进行必要的沟通即可，不要太频繁。当沟通变成了打扰，效果就堪忧了。

六、对老师要有足够的尊重和理解

尊重和理解是建立良好关系的基础。要意识到老师是教育专家，并且他们致力于孩子的全面发展。在与老师交流时，保持友好、礼貌和尊重的态度，充分理解并接纳他们的教学方法和建议。如果您有意见或疑虑，可以与老师沟通并互相分享观点，共同探讨解决方案。

七、和老师建立良好的关系

人与人之间的感情是培养起来的，老师也是人，我们家长切不可有事的时候就想到老师，没事的时候就当作老师不存在一样。我们应该把老师当成朋友，最好是当成师长，班级有什么需要帮忙的，我们也一定要竭尽全力。总之，如果能用轻松愉快的方式与老师沟通就更棒了。

相信通过努力，我们一定可以实现与老师的良好沟通，与老师建立起互相理解和支持的合作关系，而这正是助力我们孩子腾飞的基石。

（朱红昆）

家校合作，促进孩子更好发展

孩子的成长离不开家庭教育、学校教育和社会教育，教孩子学会做人、学会学习、学会解决各种问题，是家庭和学校的共同责任。

家长要正确认识家校合作问题。

一、家校配合是家长的教育责任

作为家长，要负起教育孩子的责任。有的家长认为，自己的责任就是送孩子上学。一旦孩子进入学校，家长就如释重负似的将教育的责任全部推到教师身上，认为教育孩子只是学校的事，这是十分错误的。诚然，学校是有计划、有组织、有目的的专门育人场所，在培养人才方面起主导作用。但是学校教育必须有家长的正确配合，只有这样才能提高教育的质量，取得最佳的教育效果。一个合格的家长应该配合学校，对子女成长承担起教育责任。

二、家校配合是家庭教育的需要

一位教育专家指出："在家庭与学校的配合方面，家长应该主动一些，应该多向学校靠拢，多向老师请教。"这是因为，教师是专业教育工作者，在教育理论方面往往比家长懂得多，而我们家长没那么多专门时间去学习那么专业的知识；教师在教育过程中积累了丰富的经验，而我们每个家庭养育一两个孩子，眼界难免狭窄；教师能够从几十个学生的比较中鉴别孩子的优缺点，而我们家长却只看到自己的孩子，对孩子的评价往往容易偏颇。因此，家长在与老师的交流中，既能全面了解孩子的情况，又可学习一些家庭教育观念与方法。

三、要正确对待老师“请家长”

孩子上学期间，家长被老师“有请”，是很平常的事情，但被请的家长往往都有同样的感觉——有点害怕，与老师有“距离感”。还有家长认为，老师不用动不动就请家长，老师作为专业的教育者，应该有好的教育方法，请家长请得多了，孩子会不会觉得老师对他“束手无策”，就会更加“肆无忌惮”呢？

其实，老师请家长的目的是希望和家长多沟通。当学生不认真完成作业、考试成绩明显下降、学习习惯欠佳，或者近段时间思想出现问题等，就需要家长配合教育。老师就会约请家长到学校面谈，让家长了解孩子在校的表现情况，结合学生在家的表现，针对发现的问题和家长一起分析原因，共同商讨解决办法。孩子的教育需要学校和家庭共同付出，保持一致，如果不请家长配合，孩子的问题很难解决。如果孩子感到老师和家长的态度是一致的，那么他们就会有更强的是非意识，更加明确什么该做，什么不该做。

那么，家长怎样与老师进行有效沟通和交流呢？

一、要维护老师在孩子心目中的权威地位

家长平时要多与孩子谈话交流，从中发现问题，了解孩子的思想动态，以及孩子与老师、同学的关系。孩子若出现抵触老师、诋毁同学的言行，家长应该给予引导，要让孩子多看到老师以及同学的优点，学会正确评价老师和同学。要树立老师在孩子心目中的权威地位，这就是最好的配合，不树立老师的威信，配合也就无从谈起。常言道：亲其师，信其道。当然，金无足赤，人无完人，老师自身肯定也会有不完美的一面，家长可以私下向老师建议，但切忌损毁老师的形象。

同时，要配合学校工作，积极支持学校的教育活动。要培养孩子的集体荣誉感，时时处处要为班集体着想，为学校着想，密切配合老师共同教育好孩子。

二、客观评价孩子

客观分析问题，首先要客观看待孩子。在有些家长心里，自己的孩子就是最棒的。孩子稍微遇到一点委屈，在家长眼里就成了大事情，一时间也忘记了立场，把责任一股脑地推到别人身上。实际上，孩子在抱怨的时候，作为家长要站在老师的角度去思考问题，这样你就能够理智判断老师的做法是否正确。不要动辄拉上孩子去与老师辩解，这样不仅不会帮助孩子，反而会使其更加放纵自己。

三、先肯定老师，再说问题

家长要善于发现老师的长处，一见面先表达对老师工作的认可，老师就会对家长建立起好感，这也是交流的艺术。比如说："我们给孩子的爷爷奶奶看了您对孩子的评语，我们感到您对孩子非常用心，真是感谢您！""晚上辅导孩子功课，我们看到孩子做的课堂笔记，看出老师您备课花了很多精力与心思。"这些话是真诚的，老师听到也会很开心，觉得自己的努力被看到，自己的付出是值得的。这样，老师才会更愿意与你沟通和交流。

四、向老师表达家长和孩子对他的信任

得到信任，对于老师来说也非常重要。家长可以婉转表达对老师的信任、支持。比如说:"我孩子说老师您讲得很清楚,孩子一听就懂。"或者更具体一些,"这学期"解决问题策略"这章节您讲得太好了,孩子听了对数学特别感兴趣。"不知道的情况,可以直接问孩子,顺便也可以跟孩子沟通,鼓励孩子发现老师的优点。

五、主动与老师沟通

教师工作负担较重,不可能经常访问每一个学生家庭,这就需要我们经常去拜访老师。

有的家长认为,家长会不是家校交流很好的机会吗?但是,光靠家长会了解情况是不够的,家长会不能代替平时拜访老师。开家长会时,老师不可能对每个孩子的情况谈很多,您去拜访老师,就可以细谈了,从学习到纪律,从思想到生活,都可细致了解。这也会无形中督促老师多关注自己的孩子。家长千万不要等问题成堆再去和老师联系。要想发现微小的变化,必须与老师经常沟通。

(房元品)

家长和老师沟通的技巧

助力孩子的成长，家庭教育和学校教育是重要的两个方面。家庭教育和学校教育有所分工，家庭教育侧重于孩子的健康成长、行为习惯培养；学校教育重点在于文化知识的传授。但是，两者又不是孤立的，是互相联系，互相促进的，有着共同的目标，就是让孩子在家庭中健康成长，在学校里快乐学习。如何实现这一目标，需要家庭和学校在孩子的成长过程中互通有无，进行良好的沟通和交流，形成合力，共同为孩子的健康快乐成长保驾护航。

而在现实生活中，家庭和学校的沟通并不都是畅通无阻的，有的家长可能一学期没和老师说过一句话，有的家长可能天天逮着老师说个不停。不交流自然不行，但说多也无益，因为老师面对的是一群学生，老师的精力不可能用在一个学生身上，天天逮着老师说个不停，浪费了老师的时间，影响老师和其他家长沟通；而一学期中，家长和老师一句话不说也不行，不利于老师了解学生在家的表现，并与其在学校表现进行一个对比，从而制定孩子的成长方案。同时，老师也不是万能的，不可能承担孩子成长的所有任务，家长一学期不和老师沟通，一句话不说，不利孩子的健康成长。

如何与老师沟通，形成合力，助力孩子的健康快乐成长？家长要注意以下几个方面。

一、沟通内容准备

这是最关键的一步，沟通内容决定沟通效果，决定一个阶段对孩子的教育方法。和老师如何沟通，事先要做好规划，打好草稿，列好提纲。若只是在上学放学接送孩子，遇到老师临时唠叨两句或是在马路上遇到老师，即兴说一下，这些沟通和交流都起不到理想的效果。

沟通内容的准备，首先要注意三个方面。一是观察家长群，看老师在群里说的问题，这些问题，自己的孩子有没有，严重不严重。二是将老师在家长群沟通的内容、发言形式和语言的风格，与自己的语言风格进行研究对比，调整自己的沟通风格，力求和老师同频、同步，求同存异，尊重老师，这样更容易为取得良好沟通效果打下基础。三是客观分析孩子目前存在的问题，哪些是老问题，哪些是新问题，以及未来的苗头性问题。

对于孩子存在的问题，尤其是老问题，一定要实事求是地告诉老师，不可藏着掖着，专拣好的说、优点说，仿佛自己的孩子十全十美，一旦有问题了，那都是老师没教好。当然，也不能把孩子说得一无是处，让老师无从下手，甚至需要老师观察很长一段时间，才能发现孩子原来不是家长说的那么一回事，这样就会影响到老师的判断和下一步对孩子教育采取的措施。家长一定要把孩子的真实情况反映给老师，让老师第一时间了解到学生的真实情况，便于在以后的教育过程中更加有的放矢，方法得当，收到事半功倍的效果。

二、沟通时机把握

前文说过，沟通的时机要选择好，校门口沟通，马路上沟通，效果都不会好。放学时间，老师送孩子出门，校门口人声嘈杂，家长频繁过来打招呼、接孩子，老师的注意力全部在孩子身上，要看好学生，要和家长打招呼，确认孩子被家长接走，你再和老师沟通孩子情况，老师不会上心，也无法专心。

良好的沟通要有一个合适的时机，这个时机，通常是在开学初期、学期中途和学期快结束三个时间段。开学初期，

和老师沟通交流一次，让新的任课老师了解孩子，有利于孩子新学期的学习；学期中途沟通一次，总结一下上半学期的学习，有利于孩子取长补短，进行好下半学期的学习；在学期末进行一次沟通，便于了解孩子一学期的学习情况，对孩子的假期进行一个统筹规划安排，强项进行巩固，弱项进行提升。

沟通时间段定下后，沟通的具体时间也要注意和重视。不建议在周末时间、午休时间、深夜时间与老师沟通，相对合适的时机，应该选择早上上课前、午间休息前、下午延时放学的时间段。在这些时间段，老师时间相对宽裕，能有时间和精力听取家长意见，沟通效果会比较好。

三、沟通形式多样

信息化时代，沟通的形式很多，除了传统的面对面沟通，还有电话、QQ 和微信等沟通形式。当然，面对面沟通效果最好，但一般不宜动辄一小时、两三小时，甚至半天的沟通。建议面对面沟通时间控制在 10 分钟以内。说不尽的话怎么办？可以通过 QQ、微信将我们事先准备好的沟通提纲，或者沟通的详细内容发给老师。一位老师要教一个班甚至几个班级的课，要了解上百个孩子，全凭记忆不太现实，也不全面，有

了书面材料，老师可以在需要的时候调取出来，了解孩子和掌握孩子的情况，采取有的放矢的措施。

四、沟通成果反馈

在与老师沟通后，还要将与老师沟通的成果及时进行反馈，一方面是反馈给家庭中的其他成员，要求家庭成员按照老师要求，心往一处想，劲往一处使，共同帮助孩子，为孩子的成长营造良好的家庭氛围。另一方面，也要将与老师沟通的成果与孩子进行反馈，这是家长与老师沟通目的中最重要的一环，就是为了孩子更好地成长。反馈沟通成果，对于孩子的闪光点，要大张旗鼓地进行正面反馈，予以表扬，让孩子知道自己的行为得到了老师和家长的关注，也得到老师和同学们的表扬，这能提升孩子自豪感，激励孩子在后续的学习过程中继续发扬光大，不断进取，以取得更大的成绩。对于孩子的问题，可以坏话好说，从寄予希望的角度，让孩子看到缺点，努力去改变，不断完善自己，让自己变得更加完美。

家长和老师良好的沟通，是实现孩子成才目标的基础，是形成教育合力的关键。希望我们的家长都能和孩子的老师畅通沟通交流渠道，建立良好的沟通机制，共同呵护孩子健康快乐地成长。

（仲启新）

第 2 章　家教论坛

用心一片磁针石　不指良方誓不休

——例谈家长教育孩子的理念原则

“非规矩不能定方圆，非准绳不能正曲直”。这句话启示我们，家长教育孩子也要遵循恰当的方法规则、正确的理念原则，不能简单粗暴、率性随意。

什么是理念原则呢？顾名思义，理念原则就是指一种上升到理性高度的观念、方法、原则、思想等。类似于诗人白居易“不忘初心，而必果本愿也”中的“初心”“本愿”。家长教育孩子要秉持最初的本心和信念，牢记在心，语言谨慎，身体力行，最终才能取得家庭教育的成功。

理念原则一　亲师信道

镜头一　飞燕呢喃，绿柳婆娑。生态公园里，一位家长与朋友聊天：“孩子高三开学，回家对我说，‘高二班主任又做我的新班主任了！也不关他事，今天还查我语文作业！这是为啥？’我对他说，孩子，这是好事，老师是为你好的！后来他回家，依旧对我说：‘老师今天还查我数学，你说这又是为啥？’我就对他说，你想想，这样的好老师到哪去找呢，这是好事啊，他是为你好的！又过一天，孩子回家，急躁地对我说：‘爸你说，老师今天还查我英语呢，什么都查，不可理喻！’我笑着对他说，‘这是好事啊，孩子，你是他从高二带上来的原班学生，他能不想你好吗？’一段时间下来，孩子回家就做作业，吃过晚饭接着再学，到十一二点了我喊他一声才睡觉。第二天五点多钟起床，洗脸后就背书默写，吃饭后匆匆上学去了。变了一个人似的，天天都这样，学习有一股钻劲，那天他脸上笑眯眯的，对我说，‘爸，我有信心！’第一次考试，竟然考了班级第一！”

这位家长，遵循了“亲师信道”的理念原则。“亲其师则信其道”，《学记》里的这句话，对我们家长教育孩子非常重要，意思是说一个人亲近、尊敬师长时，才会相信、学习师长传授的知识道理。当孩子对老师的教育言行不理解、内心困惑甚至多次与老师发生冲突时，家长千万不要护着孩子、攻击老师，这样将给孩子成长和学校教育带来不可估量的危害和麻烦。这位家长始终坚持正确的理念原则，引导孩子以积极心态往好处想、从正面考虑，启发孩子理解老师、接纳老师、信任老师，调适自己，不懈努力，持之以恒，在师生齐心、家校默契的配合支持下，最终迎来了“柳暗花明又一村”的可喜变化！

理念原则二　平和舒缓

镜头二　“请拉我一把！我上不去了。”一个年轻妇女，站在公交车门口上不来。真不容易，她让前边两个小女孩先上来，一个五六岁，一个三四岁，宝宝车上还推着一个一两岁的小孩。有人搭了一把，她才上了车。过了一会儿大孩子恳求说："妈妈我要喝牛奶。"她哄着怀里的小小孩和旁边的老二，没回答。老大孩子站起来，声音甜甜地说："妈妈，我口渴了！""等到站下车时，妈妈再买牛奶给你喝，坐车不能喝饮料，解小便不方便，知道吗？"

过一会，有两个乘客上车了。"没有座位！哪里有座位啊？"一位五十多岁的老人，上来就往后走找座位。"你起来吧，给爷爷奶奶让座！"那个妇女对老二说。看到小孩子不想动，她又劝道："要给老爷爷让座，懂得尊老啊……"看车开得很快，有人说："孩子太小，让座不安全！"此时前边一位三十多岁的妇女，给老人让了座。

这位家长，遵循了"平和舒缓"的理念原则。家长教育孩子一定要态度平和，语速舒缓，以一种"润物轻声""春风拂面"的方式方法，蹲下身去、看着孩子，用孩子听得懂的、喜欢听的话语和他们对话，让孩子心悦诚服、乐于接受。这位家长对孩子要喝牛奶和给老人让座两件事的处理，就考虑到孩子的年龄特点和理解能力，教育孩子耐心，语言交流细心，解释到位，没有简单拒绝、粗暴呵斥，有利于培养孩子尊重他人、关爱他人、文明乘车、尊老爱幼等品德素养。

理念原则三　宽容示弱

镜头三　春风拂过，万竹沙响。森林公园里，一家三口从高处迈步走下去，要过一道半人深的施工沟道。头发雪白的老奶奶已经过去了，站在沟那边的坡上望着这边。小女孩跟着奶奶，走到沟中间了。二十七八岁的小女孩妈妈，穿高跟鞋，着长风衣，站在沟这边，望着已经要到沟对面坡上的小女孩，说："我怕，不敢过去，怎么办呢？孩子……"

那小女孩见了，笑着说："妈妈不急，我来帮你！"说着就从沟那边，小心翼翼地走到沟底，再一步一步来到沟这边坡上，拉着妈妈的手，慢慢地下去，慢慢地登上了那边沟坡。老奶奶看着禁不住呵呵笑了，孩子开心地笑了，那个妈妈也笑了。一家人甜甜的笑声，和橙红色的阳光融合在一起，是一幅多么美的画面啊！

这位家长，遵循了"宽容示弱"的理念原则。"针尖对麦芒，你强他更强""两虎相争，必有一伤""有压迫就有反抗"，这些话启示我们家长，在教育孩子时一定不要以高压态势强迫孩子屈服听从家长，而要懂得包容孩子的弱小、幼稚、犯错甚至故意犯错，不犯错误的孩子就不正常了。在接纳孩子犯错的同时还要懂得示弱，以平等相处的好朋友方式坐下来和孩子谈，看哪里出了问题，是什么原因造成的，以后怎么纠正，"宽容—示弱—引导"是家长培养孩子健康成长的三步教育法！这位家长是个有心人，在用智慧培养孩子。她不是像老奶奶那样三步两步过沟坡，而是当孩子走到沟中间时主动示弱，让孩子来搀着她过沟坡，这就创设了一个培养孩子爱心的机会，既培养孩子关爱他人、友善互助的素养和能力，又让孩子体验到了关爱家人的成功和快乐！

总之，家长教育孩子堪称是一项"马拉松长跑工程"！一是时间长，从怀孕胎教到大学本科毕业，至少历时 22 年；二是头绪多，大到决定孩子人生转折点的中考高考、升学择校，小到日常的吃穿住用行、学娱拉撒玩；三是事务繁，凌晨五点来钟做好饭喊孩子起床，陪读到入睡是半夜十一二点，一天忙碌于杂务之中，奔走于家校之间……所以，事务这么多简直像“一片海洋”，就不能没有“定海神针”，就要有恰当的方法规则、正确的理念原则一以贯之、防偏纠错，就不能简单粗暴、率性随意地去教育孩子。

最后，化用南宋文天祥的诗句与君共勉，就是“用心一片磁针石，不指良方誓不休”。希望家长朋友们在孩子教育方面要用心，用力，更要用智；要做好每一件事，说好每一句话，过好每一关；要有科学理念和正确方向。让我们以富有理性和智慧的家庭教育来塑造富有理性和智慧的下一代接班人吧！

（张佑高）

关注孩子心理问题　促进孩子健康成长

研究发现，现在有心理问题的孩子越来越多，有的孩子心理问题还比较严重。因心理问题而不能正常完成学业的孩子比过去有明显增加，甚至还有孩子因为心理问题而发生了一些悲剧，给孩子、家庭、学校都带来了难以弥补的伤害，影响了家庭的幸福，甚至影响了社会的稳定。作为老师和家长，我们要关注孩子的心理问题，帮助孩子调节心态，促进孩子健康成长，这是我们一个十分重要的任务。

让孩子学会理性认识社会。一些孩子的心理问题出在对社会的认知上，比如他们发现有的同学人前背后行为不一样，认为这些同学不真诚。有的孩子发现平时和自己关系很好的同学竟然在背后说自己的坏话，孩子就觉得受不了，认为自己的一心付出得到的是别人的轻视；一些孩子面临父母闹离婚等家庭变故，耳闻目睹家庭成员相互攻击的言行而产生认知上的偏差；有的孩子不能承受别人的批评；有的孩子不能接受社会上的一些不好的东西。我们有责任告诉孩子，社会就是这样，有美也有丑，有好也有坏，每一个人都有好的一面也有不好的一面，这是很正常的，没有丑哪来的美？我们要做的就是理解这个社会、理解他人，坚持自己的内心，努力做好自己。

让孩子学会提出适当的目标。一些孩子的心理问题出在对自己的要求不切实际，孩子所提出的目标要求太高，按照自己的能力根本无法实现，时间久了孩子自然会产生心理问题。就拿我的班级来说，每一个孩子的目标都是考上一本中的好大学。事实上，班级有绝大部分孩子根本达不到自己确定的目标，甚至有不少孩子连一本都考不上，个别孩子连考本科都有危险，如果孩子不调整定位，那心理怎能不成问题？更何况一些孩子的行动与目标严重不一致，那就是努力不到位，用心不够。这就是我所说的，又想好又不想付出努力。有时候孩子考试的成绩在我看来已经很好了，但孩子不满意，家长不满意，有的家长对孩子提出严厉的批评，时间长了，怎么能不出问题？我们知道，适合的才是最好的，孩子对自己的目标要求一定要适当，只要努力了就行。

让孩子学会接受失败。一些孩子的心理问题出在不能接受生活中的失败上，这在孩子升入高一级学校的时候特别明显。如考入我们学校的孩子，中考时的成绩都是出类拔萃的，有的孩子是初中时所在学校的明星人物，是所在学校老师心中的宠儿，平时面对的都是掌声和鲜花，从来听不到批评。到了我们学校后，他们发现自己变得很平常，有的孩子甚至成绩很差。这些孩子在心理上自然会接纳不了。事实上，不是这些孩子变“差”了，而是过去那些不如他们的对手都被淘汰了，而他们现在的对手都是优秀者，如果能够在这样的群体中获得成功，那孩子就会更优秀了。就算他们在新的群体中不能成功，只要能够坚持，那也是很好的。这就要求孩子学会接受自己的不足，努力改变自己，从而让自己变得更优秀。

我们常常说“幸福是自己感受的”，同样的事情换一个角度看就会有不同的感受，孩子的心理健康问题需要学校、家庭、社会的共同关注，更需要家长的关注。

（周建洋）

家长"陪聘"不可取

据报道,某地一次人才招聘会上,一家被众多应聘者看好的企业亮出一条告示:"父母带来一律不要。"虽然有些应聘者其他条件不错且专业对口,但因由老爸老妈"保驾护航",被该企业拒绝接谈。

在人才市场招聘会现场,家长"陪聘"现象常见。家长"陪聘",是希望给孩子带来一定的帮助,而事实并非如此,有的不仅不能带来帮助,甚至会造成负面影响。多家招聘企业负责人表示,他们希望招来的员工要有独立工作能力、思考能力与求职信心。他们认为,大学毕业生已经是成年人,对于找工作这种关系自己切身利益的事都不能自己作出决定,缺少主见,还如何指望他在以后的工作中独当一面?因此,一些有家长"陪聘"的孩子虽然自身条件不错,最终却不能被招聘方录用。

虽然"父母带来一律不要"在人才招聘的有关法规中尚未见过,但细想觉得有一定道理。企业来人才招聘会招人的目的无外乎是用人,而人一旦成了"才",应该有其相应的素质,包括对事物基本判断与处理能力。应聘者在应聘中如果靠父母来大包大揽,这恐怕离"才"和"成熟"就差了一大截,充其量只是生理上的大人,心理上的小孩。企业没有义务来接纳这些 "大小孩"和"高分低能儿"。再说,在市场经济条件下，人才就是“商品”，用人与被用都得遵循“公平交易”的原则，由于“商品”内在质量的差异，故“优胜劣汰”也是必然。很多家长，每当孩子在生活中遇到困难时都会“挺身而出”，不愿让孩子吃一点苦、受一点累。他们事事为孩子着想，陪子求学、陪子考试、陪子应聘、陪子相亲……“万能”父母，催生了一批“低能”孩子。笔者认为，在孩子就业等影响孩子未来发展的重大事情上，家长应该当向导、做引导，鼓励孩子与用工单位洽谈，关键环节可以给孩子提供参考意见，而不应一味包办。大学生应该把招聘会当成走向社会的第一步，大胆地去面对招聘单位的选择，即使应聘失败，也能从失败中获取经验。

“父母带来一律不要”向家长、学校和求职者敲响了警钟。家长应该放心甚至狠一狠心，让孩子自己闯世界，逐步去适应社会；学校的素质教育目标要明确，要为社会培养出真正有用的人才，否则将来孩子一旦“上市”，很可能就会碰到“不要”的难堪；作为求职者应减少对父母的依赖，培养独立意识，要靠自己的能力去适应社会，寻找就业机会和岗位。只有这样，孩子才能又好又快地在社会中立足，也只有这样，孩子才能更快更好地成长，才能走好属于自己的人生路。

（鲁庸兴）

第 3 章　学法崇德

解决未成年人打赏乱象
亟需社会各方群策群力

近年来，随着移动互联网和手机支付的快速发展，兴起了以网络直播为载体，以直播打赏礼物、带货等为外在形式的网络经济，随之产生了未成年人打赏、巨额打赏、私用夫妻共同财产打赏等法律问题，其中未成年人打赏问题最为突出。

小高是一名 13 岁的初二学生，于 1 个月时间里先后在某直播平台上打赏主播礼物 30 余万元。小高父母知道后联系直播平台所属的科技公司，请求退还全部打赏金额遭拒，于是将该公司诉至法院。

法院在庭审中了解到，小高的父母在本地做生意，给小高买了一部手机并在微信、支付宝上绑定了银行卡。由于生意比较忙，小高父母无暇顾及小高使用手机细节，在小高打赏礼物的前后一个月时间里，看到过银行的扣款通知，但是误以为是生意支出并没有在意，直到月底对账发现有 30 余万元的未知支出，才知晓小高打赏主播一事。

法院在认定事实时，着重审查了打赏的时间、频次和直播间发言等证据，查明打赏行为系小高所为。小高作为限制民事行为能力人，其打赏的行为未经法定代理人即父母同意、追认，该打赏行为属于可撤销的民事行为。但是，小高作为限制行为能力人可以独立实施与其年龄、智力相适应的民事法律行为，且本案中小高父母在看到银行扣款短信后未进行核实，疏于监管被监护人，应当承担相应的法律责任。最终法院判决科技公司返还部分打赏金额23万元。

庭前谈话中，法官问小高为何给主播打赏，小高称父母忙，经常是自己一个人在家，给主播打赏，被主播叫“老板”的时候很有成就感；主播会及时回复自己消息，觉得自己受到了关注。法院庭后对小高父母进行了家庭教育指导，建议其多关注孩子，切实履行好监护人职责。

未成年人巨额打赏主播问题层出不穷，与网络直播平台监管不力、父母及学校引导不够和家庭情感缺失密切相关。一方面，未成年人认知能力较差，尚未形成理性的金钱观，缺乏理性消费意识，容易受到直播中的诱导冲动打赏；另一方面，家庭教育缺失，父母陪伴不够等，使得未成年人缺乏交流，情感无以宣泄，主播更像是未成年人花钱买来的“玩伴”，未成年人通过高额打赏主播换取主播的称赞和感谢，借助直播平台宣泄个人情感，以此满足自己的虚荣心和情感缺失。

尽管依据《中华人民共和国民法典》第十九条、第二十条之规定，无民事行为能力的未成年人和限制行为能力的未成年人在高额打赏主播后，其父母可以要求直播平台返还全部或部分打赏金额，但“江心补漏”不如“防患未萌”，引导未成年人合理使用网络需要社会各方群策群力。

“至乐无如读书，至要无如教子”。家庭教育对未成年人形成良好三观尤为重要，父母要尽到“第一任老师”的职责，在生活中多陪伴孩子，注意孩子的情感和精神状态，倾听孩子的真情流露，做孩子的“交心好朋友”；在思想上多引导，摒弃“孩子还小什么都不懂”的观念，多向孩子讲解有益于孩子成长的社会时事，如涉及未成年人的热点法律问题、乐于助人事件、社会不良现象等，聆听孩子对社会热点事件的看法和观点并加以引导，为孩子形成正确的三观夯实基础；在行动上多规范，教子须是以身率先，行动规范不仅仅是对孩子行为上的制约，更需要父母以身作则，父母在陪伴孩子时应注意自身行为，放下手机，而非只是“坐在孩子身边”，父母同时也要提高网络素养，规范自身使用网络的行为，加强对孩子使用网络行为的引导和监督。倘若本案中小高的父母能在忙生意之余可以兼顾陪伴孩子，想必小高也不会留恋于虚拟世界的情感宣泄。

网络直播平台作为网络直播服务的提供者，在拥抱网络红利的同时，应该肩负起社会责任，关心未成年人健康成长。《中华人民共和国未成年人保护法》第七十四条第二款规定，网络游戏、网络直播、网络音视频、网络社交等网络服务提供者应当针对未成年人使用其服务设置相应的时间管理、权限管理、消费管理等功能。网络直播平台在提供直播服务时，应以更谨慎的态度、更尖端的技术，对未成年人上网的高发时段进行严格的管控。通过开设青少年模式、超过设定限额开启面容验证、高额打赏电话短信确认等技术手段，防范未成年人打赏。同时，网络直播平台应该对在岗主播加大培训力度，禁止以打赏额度为标准对用户进行排

名，切忌直播言语诱导打赏，切实规范主播行为。

《中央文明办、文化和旅游部、国家广播电视总局、国家互联网信息办公室关于规范网络直播打赏 加强未成年人保护的意见》中指出，网络直播乱象需要压实各方责任，对于违规操作、出现未成年人高额打赏情况的网络直播平台，政府相关部门要从严从重采取暂停打赏功能、关停直播业务等措施，以高压的姿态规范网络直播，保障青少年健康成长。

（张　天）

我陪你长大，你陪我变老

前几天，听到这样一个案例：

共生育三个子女的72岁的李某无劳动能力，可面对老人的赡养问题，三个子女却相互推诿。2021年李某将三个子女诉至法院，后经法官教育、调解，他们均保证每人每月给付李某280元赡养费，李某当庭撤回起诉。后来两个女儿交付了赡养费，儿子却依旧一直未给付赡养费。李某生病住院儿子也未曾露面。李某寒心，2023年2月再次将言而无信的儿子起诉至法院，要求按时给付赡养费。

法院经审理认为，赡养老人是子女应尽的责任和义务。该案中李某年事已高，无生活来源，被告应当履行对父亲经济上的供养、生活上的照料等义务，保障李某安度晚年。法官当庭依法判决被告每月支付李某赡养费280元。法官还教育被告，不赡养老人如果情节严重构成遗弃罪的，会被处五年以下有期徒刑、拘役或者管制。李某儿子表示服从法院判决。

听完这个故事，心里很沉重。随着社会的老龄化，类似这样的事情时常听说，老人的养老问题如今已引起社会广泛关注。

父母在，人生尚有来处，父母去，人生只剩归途。按理说，赡养老人、孝敬父母，让生养我们的父母安度晚年，不仅是中华民族的传统美德，也是为人子女应尽的义务，更是一件幸福的事情。可为什么这三个子女竟在赡养父亲的问题上相互推诿？后来经了解，除了他们不懂法以外，作为父亲，李某也存在着没有教育好孩子的责任。据了解，李某年轻时在外做小生意，对三个孩子十分溺爱放纵，疏于对他们的管理教育。三个孩子过着衣来伸手、饭来张口的生活，习惯于享受长辈的关心与侍候，却不懂得更不曾想过如何关心尊敬父母与长辈。孩子渐渐长大后，变得自私骄纵，再想教育他们学会感恩、懂得行孝已经迟了。

试想，如果在孩子还小的时候，李某能好好地教育孩子，让他们懂得感恩，理解父母的不易，学会担当，也许他的孩子就不会是现在的这般模样。难怪有人说，每个“熊孩子”的背后，其实都有“熊家长”在纵容。

想起了一句名言：爱孩子，这是母鸡都会的事情，关键是从小如何教育他们。孩子是一张白纸，纯净、天真，如何让他们有爱心、有孝心，学会感恩父母、关爱长辈，就看父母如何作表率、如何教育他们。家长教育得好，孩子定会健康成长；反之，在孩子成长的道路上，若不注意防范和纠偏，对孩子的成长、对家庭、对社会都会造成不良的后果。

笔者有一位朋友，全家敬老爱小，生活和睦。在教育孩子的问题上，他有句话说得非常好：“家庭要想幸福，首先要教育孩子本分做人，学会感恩，不做逾越法律法规的事。”

这位朋友是搞司法工作的，法律法规懂得不少。可在家庭教育问题上，他从不照本宣科，而是带头做好自己的事，身教重于言教。

就说在孝敬父亲这件事上，朋友的做法感动左邻右舍。他母亲去世早，父亲 50 多岁就生病在床。那时，朋友儿子刚出生，他和妻子一边上班一边照顾着父亲，每天早上给父亲洗脸刷牙，每天晚上帮父亲洗脚，陪父亲聊天看电视，特别是每周两次他带着父亲去澡堂洗澡，20 多年从未断过。

在潜移默化中，从小目睹父母精心照顾爷爷的儿子，十分敬佩父母的做法。从他记事起，就学着父母的样子，陪爷爷聊天，给爷爷讲故事，有时还帮爷爷洗脸洗脚，邻居们都夸他是一个有孝心的孩子。

有一次，一位亲戚来看望爷爷，带了一些好吃的点心。在这位亲戚与爷爷聊天的时候，朋友的儿子拿了两块点心跑出室外玩耍了。亲戚走后不久，儿子从外面回到家，又想去拿点心，朋友把儿子拉到一旁，对他进行了严厉批评和教育："你今天犯了错误，知不知道？拿亲戚带来的点心，首先要谢谢亲戚，再把点心先敬给长辈，这样才是一个懂事的孩子。"在朋友的批评与教育下，他的儿子承认了错误。

朋友认为，即使孩子还小，父母也要教育孩了在吃东西时想到父母、长辈，主动礼让。在家庭生活中，父母长辈要关心孩子的健康成长，孩子也要关心尊敬父母与长辈。特别是在孩子小的时候，父母一定要身体力行地教育好他们，一个不懂得孝敬父母长辈、不知道关心他人的孩子，即使其他方面做得再好，也成就不了大事。

我陪你长大，你陪我变老。教育孩子要从小抓起，在他们心田播下孝敬父母、尊敬长辈的种子，让他们健康地成长。作为父母，有这样的孩子，不论什么时候，一定会获得他们的爱戴和亲近。

（华 中）

第 4 章　家教故事

鲁班教子学手艺

鲁班，公输氏，名般，春秋时期鲁国人。因为他生活在鲁国，“般”与“班”同音，故称之为鲁班。

鲁班是我国古代著名的建筑工匠、创造发明家，曾创造作战攻城用的云梯和磨粉的磨，又相传发明木作工具。过去，木匠们都称他为“祖师”，非常崇敬他。由于鲁班木工技术高超，谁也超不过他，所以后来人们就把在行家面前炫耀本领称作是“班门弄斧”。现在，人们又把“班门弄斧”这个成语作为在行家面前的自谦语。

传说鲁班有个儿子叫伢子，从小聪明伶俐，鲁班十分疼爱，希望儿子长大以后能有出息。那么，儿子快长大了，干点儿什么事呢？鲁班很关心这件事。

在伢子 15 岁的时候，鲁班问他：“伢子，你已经不小了，想干点儿什么呢？”

伢子说：“我要去学种地。”

父亲说：“种地好啊！不种地，就没有饭吃。”于是，他把儿子送到农民家去学种地。

一年过去了，伢子回家来了。对父亲说：“种地这活太累了，我可不干了。”

父亲问：“你不愿种地，那想干什么呢？”

儿子说：“我要去学织布。”

父亲说：“织布好啊！没有布就没有衣服穿。”于是，把儿子送到一个织匠那里去学艺。

一年过去了，儿子又回来了。对父亲说：“织布忙死人了，也没意思，我不干了。”

父亲问：“你想干什么呢？”

儿子很干脆地说：“我要当木匠！”

父亲说：“当木匠也好。没有木匠就没有房子住。”于是，他又把儿子交给他的大徒弟张班，让他专门教儿子练上三年斧子。

只干了一年，儿子又回来了。对父亲说：“木匠活我也不想干了。”

“为什么又不想干了呢？”父亲诧异地问。

儿子说：“师傅要求太严了，活也太苦。这师傅的心太狠了。”

父亲问：“你说说，你师傅是怎么个严法、苦法、狠法？”

儿子说：“这师傅专拣带节子的木头让我砍，要求我砍得平如镜面，光得发亮，上边圆来下边方。师傅每天从早到晚不让我闲着，让我早砍见星，晚砍见月，刮风下雨不停工！还让我斧把儿磨出凹，斧刃磨平牙，手上老茧要开花！你看，这是有多严、多苦、多狠呀！”

父亲听了，笑着说：“不严、不苦、不狠，你能学出手艺吗？你既然怕苦、怕累、怕忙、怕严、怕狠，那好吧，从今天起，你就别吃饭了，因为你不爱种田。从今天起，你就别穿衣了，因为你不愿意织布。从今天起，你就从这屋子里搬出去吧，因为你不想当木匠！”

儿子一听，呆住了，站在那里一声不吭了。

这时，鲁班从棚顶上取出一箱子他使过的斧子，每把斧子的把儿都磨出深深的凹，每把斧刃都磨平了牙。鲁班指着那箱斧子严肃地对儿子说：

“伢子，你看我磨损了一箱子斧子。你连一把斧子都没有磨到这个程度，就不想干了吗？”

儿子理屈词穷，无话可说了。

最后，鲁班取出三把新斧子，对儿子说：“伢子，要学到手艺，就得刻苦地去练；不下苦功夫，什么也学不成。给你这三把斧子，拿去练。若三把斧子斧把儿攥不出凹，斧刃磨不到顶，就别来见我！”

儿子只好提着斧子，又回到师傅张班那里去了。这回他可下了狠心，苦学苦练，终于把木匠手艺学成了，也成为一名能工巧匠。

鲁班是一位劳动人民出身的发明家。他的创造发明都是在长期的生产劳动实践中实现的。因此，他很重视实践。他对儿子的教育就体现了这个思想。

鲁班不厌其烦，一次又一次地让儿子自己选择职业，一是充分表明鲁班非常有远见，坚定不移地坚持培养儿子自力更生、自食其力的精神和能力，实际上也是培养儿子的生存能力，绝不能让儿子成为“啃老族”；二是坚定不移地要儿子亲身体验劳动的艰苦，体验学好什么手艺都是不容易的，绝不迁就溺爱，放任自

流，这实际上是引导儿子勇敢地面对生活，体现鲁班对儿子深沉的爱；三是让儿子在不断选择职业的过程中，还充分暴露出儿子怕苦、怕累、怕难的问题，引导儿子客观地认识、评价自己。

事情做到让儿子“理屈词穷，无话可说”这个份儿上，就是鲁班不对儿子做出评价，儿子也会做出自我评价。这就叫“水到渠成”。

鲁班一次又一次地让儿子自己选择谋生职业，亲身体验学手艺的不容易。最后，鲁班总结说：“不下苦功夫，什么也学不成。”这就是“画龙点睛”。

（赵忠心）

麦田边的节粮教育

今年五一，儿、媳、孙一家三口从省城回苏北老家。几天小长假，对孙子来说，亲近自然，一切都是新鲜的。

午后，我对孙子说："陪爷爷去看看地里的麦子，认识认识农作物。"孙子爽快答应了。

于是，祖孙手牵手，来到家屋后边的麦田边。已经抽穗的麦子，扬花期刚过。孙子随手拔一棵麦穗，拿在手中玩。我说："不可以拔麦穗，那穗子里都长着麦粒啊！知道麦粒的作用吗？"孙子摇了摇头说："不知道。"我接着问孙子："你喜欢吃香酥的小麻花、烤面筋、面包、水饺吗？"孙子随即答道："喜欢啊！"我引导孙子说，你喜欢吃的这些东西，主要是麦子磨成的面粉制作的。

我开始给孙子上节约粮食教育课。我告诉孙子，麦子从秋季播种，经过冬季管理，到春季返青、拔节、抽穗，到夏季成熟收获，漫长的生长期中，农民要除草、上肥、治虫治病，每一粒麦子，都有农民的汗水啊。我把这些道理说给孙子听，然后，让孙子背诵《锄禾》诗。孙子听了我的话，流利地背诵："锄禾日当午，汗滴禾下土。谁知盘中餐，粒粒皆辛苦。"我说，此诗描绘了烈日当空农民在田里劳作的景象，概括地表现了农民终年辛勤劳动的生活。所以，我们要珍惜劳动人民创造的成果——粮食。

我对孙子说，虽然我们国家富裕了，但我国是人口大国，端好自己的饭碗意义重大。我们富裕了，也要居安思危，不可以浪费粮食啊。

孙子听了我的话说："爷爷，今天观看麦子，我学到了不少知识，以后我一定爱惜粮食，吃饭做到光盘。我还要对爸爸妈妈讲，不能浪费粮食。"

（周祝君）

第5章 学前教育

在生活和游戏中促进幼儿整体性学习

教室里,区域游戏时间,上中班的小月做计划的时候说要去家庭区做饭,然后请小朋友给澄澄过生日。老师问她要请几个小朋友,她说10个。于是小月拿着小篮子挑选了10个小碗,10个小勺,一个挨一个摆在了长长的桌子上,然后又给每一个小碗放上了“蔬菜”和“水果”。她跑到玩具区拿出磁铁积木,用很快的速度拼了一个“蛋糕”摆在桌子上。最后她把过生日的澄澄叫过来,拿着“请帖”到处邀请小朋友来参加生日会,还把老师也请了过来。小朋友们坐在一起开心地唱起了生日歌。

大力是一个大班的小男生,在家里自告奋勇当起了鞋柜管理员,专门负责整理鞋柜,还经常提醒爸爸妈妈整齐地摆放鞋子。他又写又画,认真地制作了一张鞋柜摆放规则贴在鞋柜旁,要是爸爸偷懒不好好放鞋,大力还会批评爸爸,直到爸爸重新放好。

上面两个例子是来自幼儿园和家庭的真实场景:小月按照自己头脑中的计划和想法进行了开生日会的游戏,大力则在家庭生活中“勇挑重担”成了一个尽职尽责的“鞋柜管理员”。在这些过程中孩子们独立自主的愿望得到满足，他们的动作、语言、思维以及社会交往能力和情感意志等都得到发展，他们的兴趣、专注力、坚毅等学习品质和计划、解决问题等个人能力也自然而然得以培养。

大家是不是很吃惊？孩子们的日常行为在我们眼里似乎平淡无奇，没想到却蕴含了这么多的发展价值！心理学家指出，个体发展各个方面紧密相关、互为影响，呈现整体性特点，越小的孩子，整体化发展越明显。如果你对此仍然不是特别理解，那么我们再来看看下面“小朋友晾衣服”的例子。

场景：小朋友帮妈妈晾衣服

小朋友主动提出想要晾衣服，得到妈妈的允许。小朋友的兴趣和主动性、好奇心得到满足，主动性、独立性、自信心得到发展，获得成就感与愉悦感。

小朋友从洗衣机里把衣服拿出来，站在小板凳上把衣服一件一件晾起来。动作：上肢、下肢协调配合的大肌肉动作，把衣服挂在衣钩上的小肌肉精细动作。

感知比较：

数学思维感知不同衣服的材质、大小、长短、厚薄、轻重，进行观察、比较、分类，数一数有几件衣服，需要几个夹子，衣服和衣架一一对应。

秩序控制：

计划统筹按照一定的顺序完成一系列动作，比如从洗衣机里拿出衣服，放进盆子里，然后再找出衣架和夹子，把衣服一件一件晾在晾衣竿上，发展小朋友的秩序感和计划统筹思维。

小朋友晾衣服的过程中会遇到问题，比如不会夹衣服、衣服掉下来或者够不着晾衣竿。

然而，并不是每个家长都能认识到儿童的学习发展是一个整体性的过程，也不是都能发现游戏和生活对于幼儿整体性学习与发展的价值。随着孩子年龄的增长以及将要步入小学开始学校学习生活，家长的焦虑也与日俱增，越来越陷入对儿童学习的狭隘化理解，越来越看重知识学习与技能训练带来的即时成绩，片面追求孩子某一方面的发展，而剥夺其满足自身好奇与兴趣、休息玩耍、在户外奔跑和在生活中感知、做事的机会，结果导致孩子出现“忙碌儿童综合征”，给儿童的身心协调、健康成长带来极大的伤害。

幼儿整体性学习的脑科学依据：

为什么幼儿学习要遵循整体性原则呢？脑科学研究告诉我们，大脑正是按照整体性原则进行生理和心理活动的，“大脑具有跨多个领域的工作机制”，在环境刺激作用下，大脑不同功能区域的神经元之间建立神经联结，可以诱发神经网络多通道多层面的可塑性，从而达到全面开发大脑的目的。也就是说，学习的本质就是大脑对来自身体器官以及眼耳鼻舌口的多种感官刺激进行信息整合、建立神经网络的过程，同时伴随情感和注意的调节，最终实现整体性学习与发展。

比如一个小朋友听到音乐开始扭动身体，然后走到小黑板前，拿起粉笔在黑板上涂鸦，他跟着音乐节奏的快慢兴奋地在黑板上用力画了好多线条，一边画一边对妈妈叫着：“下雨啦，下雨啦！”小朋友的听觉、视觉输入信息，又转化为动觉和语言输出信息，这个信息整合的过程还伴随他愉悦的情绪，积极的社交互动，从而调动他的已有经验与记忆，并进一步建构新的经验，形成一次有意义的整体性学习。

所以说，人类的学习就是身体、智力和情感协调互动、共同作用并对事物进行认知和把握的过程，是多个领域整体发展的过程；是学习者全身心投入到活动中，与环境、与人进行互动的系统工程。

如何促进幼儿整体性学习？

儿童最初对周围的环境与事物总是充满好奇，充满兴趣，愿意主动地去探究和尝试，他们会逐渐对成人说的话、穿的衣服、使用的物品、做的事想要了解、接触和参与，并展示出自己的力量和价值。例如，两三岁的小宝宝就喜欢拿着抹布跟在大人后面擦桌子，站到小板凳上浇花，去超市购物的时候争抢着推小车，包饺子的时候争着擀皮儿等，这是由幼儿以具体感知、行动操作、情境体验为主的学习方式和特点所决定的，他们在参与过程中可以获得各个领域的整体协调发展。

如今幼儿园坚持以游戏为基本活动，重视一日生活皆教育，正是因为发现了生活和游戏本身所具有的天然的整体性这一价值和特点，正如我们在文章开头所列举的例子，孩子在丰富的生活和游戏中自然而然地融合着各个领域的学习。

然而，如今学习竞争的压力越来越早地施加到孩子身上。随着年龄的增长，孩子们游戏、休息、娱乐的时间被越来越多的作业和课外辅导所侵占，孩子们的生活越来越被单一的“学习”所填满，孩子对生活广泛的兴趣和热情以及参与各种事务的积极主动性也逐渐被压抑。据相关调查显示，儿童参与家庭活动最多的是智力活动，其次才是少量的社会交往活动、体育活动和生活活动，儿童参与生活、劳动、闲暇、娱乐等活动的机会被功利性地剥夺了。

在此给各位家长提供如下建议。

一、加强日常生活中做事的体验，丰富整体性学习的机会

成人要避免片面地理解学习或过早地给幼儿施加机械训练的学业负担，而要从幼儿全面、整体、和谐发展的角度出发，为幼儿创设自然、开放、多元的生活和学习环境，除了培养孩子必要的生活自理能力，让其学会照顾自己，还要多给孩子在家庭日常生活中参与做事的机会。例如和爸爸妈妈一起收拾玩具、整理书柜，一起准备晚餐、收拾餐桌，进行家庭垃圾分类，制定家庭出游计划，去超市购物等等，这些经历整合了多个领域的学习，有利于孩子建构广泛的大脑神经网络。

二、注重身体参与和感知运动，奠定整体性学习的基础

经验来自具有各种感知运动的身体，身体的感觉和运动成为整体性学习的基础和关键。学习的过程，就是身体感知器官与环境交互作用的过程，在活动过程中要加强大脑对信息的加工整合。幼儿活蹦乱跳是很正常的，他们在阅读、画画、讲故事、做游戏的过程中，在参与生活劳动的过程中，时时需要身体动作的参与，尤其需要动手操作，只有积累充分的具体感知操作阶段才能真正为他们走向未来的抽象符号运算奠定基础。所以，过早的抽象认知和死记硬背不符合幼儿学习规律。

三、创设积极的情绪与互动关系，提供整体性学习的重要保障

大脑多领域整体性学习机制进一步证明了情绪与人际

关系对于学习具有重要影响。幼儿积极的情绪可以激发学习动机，提高注意广度、整体性思维和探索行为，而成人的语言、表情和动作也能影响幼儿的情绪态度和认知发展。很多家长以为给孩子提供了大量的玩具就可以开发智力，让孩子看大量的教育视频就可以学会知识和社交礼仪，殊不知这样的做法是本末倒置，忽略了成人这一重要因素的价值。家长要为孩子的学习创设安全、温暖、积极激励的家庭环境，关注孩子的兴趣，积极回应孩子的好奇心，参与到孩子的活动中，聆听孩子的心声，在他们遇到困难或挫败的时候，陪伴他们一起解决问题，这样孩子才能发展出良好的情绪管理能力，逐渐拥有开放的、热爱学习和创造的大脑；相反，如果成人的反馈是惩罚的、否定的、拒绝的，那么孩子就会逐渐回避冒险，习惯依赖，大脑也会变得封闭起来。

（李一凡）

送宝宝去托儿所，你准备好了吗？

家中的宝宝快两岁了，22 个月时，育儿嫂因家中有事请辞，一道难题摆在了我们面前：是继续请育儿嫂还是将宝宝送入托儿所？先说说我们家的情况，我和孩子的父亲都是上班族，爷爷奶奶外公外婆都还没到退休的年龄。所以，这个情况对于我们家而言，是个棘手的问题。这也是绝大多数家庭会遇到的情况。

最终，家里一致决定，将宝宝送入托儿所。一方面是考虑到如果再请育儿嫂，宝宝和育儿嫂的相处熟悉要有一个漫长的过程，在这漫长的过程中，宝宝又将到了上幼儿园的年龄，因此将宝宝送到托儿所，让他提前适应集体生活，为进入幼儿园的平稳过渡打基础。

转眼间，宝宝上托儿所已经一个月有余。宝宝从开始的全面抵触到现在的主动上学，这里有一些个人的经验和广大的宝妈宝爸分享。

首先，是提前和托儿所进行充分沟通。除了考察托儿所资质、老师资质等等以外，一定要将小朋友的个人习惯告知老师。比如，孩子吃哪些东西会过敏，烦躁时什么安抚物最有效，孩子的只言片语表达什么意思等等。像我们家的宝宝还不会说话，但是在面对一些需求时，会有叠词的发声，比如他渴了，就会发出“bei bei”的音，意思是要水杯喝水。这些孩子特有的习惯要和老师反馈，尤其是孩子刚入托儿所时，如果老师往往靠猜来判断孩子的需求，容易消耗孩子大量的情绪，增加他的抵触情绪。

另外，送宝宝去托儿所一定要保持积极的心态，对宝宝进行正面引导。比如，送宝宝上托儿所时可以说："我们宝宝是不是长大了？长大了就要学会独立咯！""你看，那么多小朋友都来上学，宝宝是不是也要上学呀！""这里都是小朋友，你和大家一起玩好不好？"接宝宝回家时可以说："宝宝今天真棒，真令爸爸妈妈骄傲！"虽然孩子还不能完全理解这些话，但是潜移默化之间，家长的情绪可以感染孩子，要让宝宝觉得，上托儿所是一件开心的事情。我在接送孩子的过程中，往往会听到一些父母或长辈们面对宝宝这样说："送你来托儿所，爷爷奶奶也心疼啊！""你今天先上，爸爸妈妈明天带你出去玩好不好？"还有的父母第一次送孩子上托儿所，孩子哭闹，家长也当孩子面难受落泪。这样的话语以及流露出的不舍表情，会加剧孩子对托儿所的抵触情绪。此外，千万不要觉得孩子还小，什么都不懂，利用谎言来安慰他们，只会适得其反。

在提前入托和初期接送方面，也有一些小技巧。在决定送孩子入托儿所前的一周，多带孩子出去玩，多与外界接触，以预防宝宝对爸爸妈妈的过度依恋。还可以买一些关于上托儿所和幼儿园的绘本，通过讲故事的方式告诉宝宝，每个孩子到了2～3岁都要上托儿所，让孩子提前知道托儿所的一些情况和上托儿所的好处。比如，托儿所里玩具多，可以和很多小朋友一起玩，还能学会很多本领。父母还可以经常带着孩子到托儿所的公共区域熟悉环境，了解托儿所的老师、小朋友。在宝宝熟悉环境后，适度隐藏自己，锻炼孩子适应即将到来的生活环境，当孩子出现不耐烦时，及时予以安抚。以上的方法，都能减少孩子的紧张心理以及入托压力。另外，在孩子上托儿所的第一周，父母应迟送早接，逐渐延长宝宝的入托时间，给宝宝一个适应的过程。

入托开始，宝宝就进入自己的一个全新阶段：学生阶段。所以爸爸妈妈要重视起来，如果没有做好准备，给宝宝的心理造成厌学的阴影就不好了。

我们家的宝宝入托一个多月以来，成长的速度肉眼可见：戒掉了尿布，要上卫生间会告诉家长并发出“niao niao”的音；学会了排队，知道了人多的时候要一个一个来；每天回家后第一件事就是到洗手台洗手……依我个人感觉，宝宝在较小的时候参与集体生活，并通过科学合理的学习和引导，有利于良好习惯养成。

（金　冬）

第 6 章　家庭生活

给大宝写封信

我家有两个宝贝，都是男孩。现在大的上三年级，小的也三岁了。看着小哥俩现在互相照顾、其乐融融的样子，我简直不敢相信我的眼睛。

清晰地记得，生二宝那年，大宝在医院里第一眼看到弟弟时激烈的反应。他不让爸爸抱弟弟回家，他拽着弟弟的小包被不让走。哭着说："把弟弟留在医院！留在医院！"

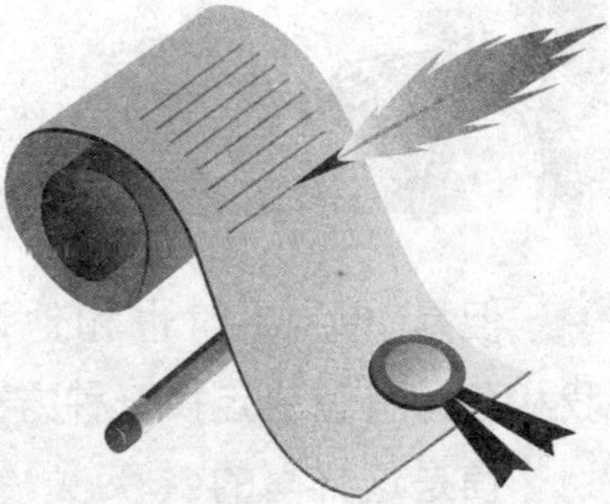

看爸爸不听他的，抱着弟弟直往前走，他竟坐在地上，说什么也不走。最后好说歹说上了车，回家的路上，他几乎是哭了一路。

他回到家的第一件事，就是把他的玩具都藏起来，好吃的藏起来。以后每天他都像防贼一样，敌视着弟弟，常说把弟弟送走的话。甚至说，送得远远的，省得警察领他回来。

当时，我、孩子的爸爸、奶奶都不理解大宝的心理。我们用大人的看法，把他的激烈反应当成笑话说他：你这孩子怎么这么自私呀，长大以后还了得；长大了可不许欺负弟弟，你再这样把你送到外婆家了……

可我发现，我们越这样说，大宝越上劲。他好像越来越烦他弟弟。他不带着弟弟一起玩；他把自己好吃的零食都收起来；他会嗷嗷大叫，嫌弟弟影响他看电视、看图书……只要大宝在家，家里几乎每天“硝烟弥漫”。孩子的爸爸生气地说，干脆把他送到一个月接一次的幼儿园，看他还闹不闹！

我说，你这是激化矛盾，在大宝的内心，是害怕二宝这个小不点抢了爸爸妈妈对他的爱。

你没听他总是噘着嘴说：“没弟弟之前，爸爸妈妈只疼爱我一个人。现在有了弟弟，你们都顾不上我！光疼弟弟。我的爱都被弟弟分走了……”

“那我们怎么办？”孩子的爸爸问我。

“我们和他好好谈谈！他都六岁了，能懂事。”

但是，想到平时也和他讲过道理，却并没有什么效果。我和孩子爸爸决定换一种方式：给大宝写一封信。

信是这样写的：

亲爱的大宝：

妈妈要告诉你，家，是由家庭成员组成的：爷爷奶奶、爸爸妈妈、哥哥姐姐、弟弟妹妹。你的弟弟和你一样，都是咱们家的家庭成员！

弟弟是家庭成员了，所以你要欢迎他，爱护他。他是你的亲人，也是你未来人生路上的伙伴。你一定很想知道你小时候的事吧！从妈妈挺着大肚子，到你出生，到你感冒发烧妈妈担惊受怕，到你慢慢长大。总之，你婴儿时期的一切，弟弟都用重播的方式展现给你，让你知道自己的成长过程，这难道不是一份很珍贵很珍贵的礼物吗？

孩子，不要用减法来计算妈妈对你的爱，因为妈妈对你的爱像大海，永远不会减少。对你，对弟弟，只是两个年龄段的不同的爱法。弟弟因为太幼小，所以他需要更多的呵护和关爱，就像你小的时候一样。爸爸妈妈相信，你一定会明白这个道理的。

祝我的大宝宝健康快乐！

我把这封信以各种形式呈现。

一封完整的信件：有信封，有邮票，信封上写上大宝的大名。我们事先和老师打了招呼，然后正式通过邮局让邮递员把信送到大宝所在的幼儿园。

孩子还不识字，我把这封信朗读录音，然后播放给大宝听。

我还分段制作成卡片，装进大宝成长记录册里，等他上小学认字后再看。

大宝听了录音后，慢慢地有了改变。他似乎明白了爸爸妈妈依然是爱他的，他觉得我们把他当成了大人来尊重了，他渐渐也懂得要爱护、保护弟弟了。

（陈素萍）

最幸福的春节

刚刚过去的这个春节,是阿雨 54 年人生中最幸福的一个春节。

母亲尾骨疼的毛病已经犯了好几年了,看了好多地方总是不好。2021 年岁末,阿雨的儿子带外婆去看病,然后就把老人家留在了上海,说让爸爸妈妈也过去,一家人在上海过一个暖暖和和的年。

母亲一辈子太辛苦了,阿雨 10 岁时父亲就因病去世了,母亲一个人拉扯大 4 个子女。哥哥一家在美国定居了,两个姐姐都有自己的一大家子。

“现在儿子也长大了,该是我们好好反哺母亲的时候了。这次正好趁着过年,一定要陪着母亲在上海玩个尽兴。”阿雨想到这里,笑容浮现在脸上。

可是,计划没有变化快,年前上海出现了疫情,虽然不在儿子所在的浦东新区,可是阿雨出行的申请还是没有被批准。

阿雨一下子就呆了,母亲已是耄耋老人,图的就是一个团圆快乐。何况母亲是那么一个爱热闹的人,这样一来母亲该多难过呀。

“我们偷偷去吧,反正也不会有人知道。”阿雨冲动地对老公说。

老公是清醒的:“别瞎说,万一有什么问题,得给国家造成多大的麻烦呀!”

阿雨像泄了气的皮球,心痛苦地揪了起来。可是又有什么办法呢？她只能深深地叹息着。突然想到母亲爱吃自己卤的竹笋、自己包的包子等。阿雨立刻行动起来了，大年二十八，她专门请了一天假，做了一大箱食物。

大年二十九一大早，阿雨就联系了同城速递，当快递小哥把冻得结结实实的食品带走的时候，阿雨的心情才舒展了一点。

转而却又愁上心头："他们两人过年该多冷清呀，而且也不知道儿子能不能把外婆照顾好，不行，我得赶快叮嘱他。"

正在这时候，"咔嚓"一声响，门被打开了。

"妈，你们怎么回来了？"老公惊喜得声音都变调了。

"外婆听说你们不能去，非闹着要回来。高铁票已经订不到了，我们是开车回来的。外婆还不让我告诉你们，说要制造一个惊喜。"儿子急急地说，"爸，你快把外婆扶进去，坐了好几个小时车，一定累坏了。"

"妈妈回来了？"阿雨听到说话声已经匆忙从厨房跑了过来，一把拉住了母亲的膀子，责备地说，"妈，你怎么能坐车回来？累坏了吧，这好几个小时呢。"

母亲"哈哈哈"大声笑着："不累，只要能一起过年，我开心着呢，一点不累！"

阿雨的眼眶湿润了，她一把抱住了母亲，小时候的事又浮现在眼前。

那时候阿雨只有五六岁，瘦弱得像秋天的小草，仿佛风一吹就能倒。那年冬天也不知道怎么就咳嗽了，吃了好多药也不见好，医生说体质太差、缺乏营养。

那时候太穷了，去哪里找营养呀？无计可施的妈妈竟然偷偷拿了哥哥最钟爱的道具枪，去演出队换救济粮，做馒头给阿雨吃，哥哥为此大哭一场。

原来，阿雨小的时候，过年后大队总要演出《红灯记》，里面需要一把道具枪。而爸爸正好不知从哪儿给哥哥弄了一把道具枪，哥哥宝贝得不得了，成天背着，被演出队的队长看到了，想用救济粮换这把道具枪，哥哥死活不肯给。

还有一次是年前。那时候生产队过年都要起鱼塘，每家分一点鱼过年。因为太穷，对于起完鱼的池塘，大家还会再仔细寻找一番。

妈妈看到有一个东西在淤泥里翻动，竟然顾不得天气寒冷和淤泥，一下子就冲了过去。果然是一条大鱼，妈妈开心地抱着鱼跑回了家。虽然鱼尾巴上的淤泥甩了她一脸一身，她却笑得像灿烂的花，阿雨总也忘不掉那笑容。而那条鱼很大一部分都进了阿雨的肚子。

“妈妈对自己的好太多了，这一次为了能团圆过年，竟然不顾年老体弱，坐五六个小时的车赶回来。可是有谁能想到自己并不是妈妈亲生的，遇到妈妈前，自己是一个被人遗弃的孩子呢。”想到这里，阿雨只觉得嗓子眼里像被塞了什么东西，话说不出来了，眼泪却止不住地流下来，那是幸福的泪，这个年是最幸福的年！

（朱　蓬）

第7章　灯下夜话

孩子不是父母的“私有财产”

前几天，朋友老杨来我家串门，闲聊中他感叹道：“我们做父母的对孩子可掏心掏肺了，而孩子却一点都不领情……”原来前几天老杨到宁波出差，周五办完事后他微信联系在杭州读大二的女儿，想跟女儿待两天，然后乘坐已买好的周日下午的高铁回家。想不到女儿回复：“我很忙，再过一两个月就放寒假了，到时我就回去了，没啥事您忙完了就先回家吧。”满怀欢喜的老杨如同被一盆冷水浇了头，心情失落到了极点。愤愤不平的他，当即改签返程的高铁票。深夜回到家的老杨朝妻子撒气：“你瞧瞧，你生的好闺女，整天就知道忙忙忙，我这么老远出差想看一下她，她却完全不顾及我的感受。”

妻子赶紧安慰老杨。可老杨仍觉得现在的孩子不像话，父母对他们关心备至，他们反而不待见地我行我素，没有一丝感恩和孝顺。

其实，老杨的这种情况，现实生活中每个做父母的都或多或少“领教”过。前几日，一个年轻女同事在我面前诉说她上小学儿子的种种“不感恩、不领情、不懂事”，把她的一片好心当成驴肝肺。每天天未亮她给儿子做早餐,儿子一口不吃,宁肯在路边小摊自己买早餐。儿子去上学,她看到下雨了,给儿子送雨伞,但儿子宁肯淋雨回家,也不让她来接……

而出现这种情况,与父母平时和孩子的交流、教育有很大关联。眼下,我们的一些父母控制欲很强,往往容易忽略对孩子从小到大各发展阶段心理成长的感恩教育和真诚交流,觉得孩子永远都是长不大的孩子,不懂人情世故,无论孩子要做什么,都必须按照父母的意图,否则就会喋喋不休,不允许孩子表达自己的需求,一直到孩子遵从了自己的意见才善罢甘休,久而久之就会引发亲子沟通障碍。

在孩子的日常教育中,很多父母把孩子当成自己的"私有财产","孩子是我生的,就必须属于我,必须服从于我。"事实上,孩子他会长大,会独立,会有属于自己的思想。要想孩子与你无障碍沟通,必须把孩子当作一个独立的人去对待,理智、科学、客观、尊重,是培养孩子不可或缺的要素。粗暴简单型的父母,对孩子的行为总是看不惯,不能及时发现孩子的长处与优点,只会责备与批评,不会表扬与激励。这样的家长对孩子总是高标准严要求。总以为自己经历了太多的风雨,不会放低身姿与孩子沟通,只会高高在上,对孩子的一切指手画脚。无论孩子做什么,家长总担心是错误的、不合规矩的,最终也会导致孩子的叛逆,拒绝交流。

请记住,父母在教育孩子的过程中一定要以朋友的身份,千万不要变成居高临下的"领导",这样孩子会逆反,然后就不愿意跟父母交流了。父母可以训诫孩子,但如果你打算就某件事跟孩子好好沟通一下,那么从你的姿态到语气都要以朋友的方式,你所给出的将是建设性的意见、可实施的计划、真心诚意的劝导或安慰。试想自己的朋友为什么愿意跟你沟通？一定是因为你是真诚的、有分寸的、可以站在他的角度给予帮助的。那么，与自己的孩子沟通时不妨试试用与朋友沟通的方式，把他当作一个独立对等的人。若是“领导式”的交流，他一定会“视而不见”。

（汪　志）

让孩子感受“中国式浪漫”

——读《跟着节气小步走》

吹面不寒的春风，绚丽多姿的夏花，树下铺陈的秋叶，不期而遇的冬雪……我国先民根据对大自然“细微时刻”的朴素观察，形成了中华民族所特有的二十四节气，成为流淌在我们基因里的文化自信和“中国式浪漫”。知名作家三耳秀才是“中国节气十”概念的倡导者，其科普著作《跟着节气小步走》站在少年儿童的视角，以讲故事的形式，生动阐述了二十四节气的发展变迁和多重意象，呈现出自然节律的奥妙、传统习俗的魅力、文化传承的可贵。

“小燕子”赵小燕、“小胖墩儿”钱壮壮、“小吃货”孙湉湉、“熊孩子”李大力是书中设置的四个虚拟人物，分别代表春、夏、秋、冬。他们抬起小脚板儿，循着“时光微步”，每个节气走 6 小步，每个季节走 36 小步，接续迈出 144 小步，共同走过了 24 个节气。在作者看来，跟着节气“小步”走，认真体会大自然的时序变化，感受中国节气的独特魅力，那么孩子们的步伐，在潜移默化里，也就越来越“大”了。

春雨惊春清谷天。春天里的“小燕子”赵小燕朝气蓬勃，似乎对什么都好奇：立春，是人立起来了，还是万物立起来了？惊蛰吃梨，跟谁闹“分离”？三春是什么意思？同时，她也是感性的，比如会把“雨水”看作是春姑娘喜极而泣的泪水，把春风吹落的香樟树叶芽比喻为“香樟雨”。风和日暖，万物生长，春天的气息清新而湿润，徐徐展开一幅生机盎然的美好画卷。

夏满芒夏暑相连。“小胖墩儿”钱壮壮头顶荷叶帽，手持小网兜，在夏天的“池塘”里打捞着一样样东西：立夏的拄蛋游戏，小满的青麦，芒种的杏子，夏至的太阳影子，小暑的自制水枪，大暑的荷花……绿肥红瘦的夏天，迸发出大地的力量。在爸爸的引导下，钱壮壮还从“小满”节气中明白了做人的道理，要向大自然学习，凡事不能太满，内敛低调些为妙。

秋处露秋寒霜降。硕果飘香的秋天自然是属于“小吃货”孙湉湉的，板栗笑裂了嘴，柿子盈满了枝头，这都是她的最爱。不过，她在秋天收获的可不只是食物，还有各种文化味儿特浓的知识，秋分分什么？中秋在秋中？霜降杀百草，是老天爷拿了把刀，到处砍杀吗？秋天是属于诗人的，王维的“遥知兄弟登高处，遍插茱萸少一人”，元稹的“不是花中偏爱菊，此花开尽更无花”，都让孙湉湉颇有感触。

冬雪雪冬小大寒。“熊孩子”李大力特别好动，哪怕衣服再多再厚，也阻挡不了他的蹦蹦跳跳。寒冷，给人们带来麻烦，也带来快乐。“妈妈，你想不想吃‘大棒冰’？”不等妈妈反应过来，他就把冰凉的小手伸进了妈妈的脖子里，然后抽出来，笑着转身跑了。其实，除了调皮，李大力在冬天还懂得了感恩，学会了享受生活中的“小确幸”，跟着大人祭灶王、贴春联。

了解节气，读懂节气，可以让孩子们领略到时光里的古老智慧。《跟着节气小步走》通过亲子交流和知识点解读、金句提炼、游戏互动等方式，融入自然、文化、科学、民俗、历史等多种元素，全新解构了人与自然“双向奔赴”的节气内涵。跟着节气小步走，感受“中国式浪漫”，诗情画意之美、江河山川之美、历史人文之美，呼之欲出。

（任蓉华）

第 8 章　家教文萃

合理引导，培养孩子自制力

儿子上了二年级后，不知道什么时候迷上了游戏，做完作业就迫不及待去玩游戏。我考虑到孩子沉迷游戏影响学习，而且视力也下降得很快，于是帮他报了个乒乓球训练班，利用双休日去学习打乒乓球。这样既能转移他的兴趣，又可以锻炼身体。

对于新鲜事物，儿子向来不会拒绝，虽然刚开始只是训练挥拍动作和步伐跑动，但是他却不嫌枯燥，训练完后回到家里还时不时地演练这些动作。个把月后，教练开始进行喂球训练了，儿子更是着迷了，每逢下课，他就拉着同学去水泥球桌进行实战，虽然只是推来抛去，但他总是乐此不疲。

但过了一阵，老师和我交流说儿子作业马虎，错误频频，上课不太专心，下课就去抢乒乓球桌。我听了知道儿子又开始沉溺打乒乓球了，如何让儿子自己进行情绪控制呢？

那个周末放学，我把儿子接回来后，告诉他如果好好完成作业，就陪他打一小时球，但是前提是没有错误，如果错一题数学题目，就加做两题，直至全部正确为止，但是订正的时间和打球时间合起来计算。儿子听了非常开心，一回去就开始做作业，数学很快就做完了。但是一检查错了两题计算题，于是按照约定加做四题，没想到心急吃不了热豆腐，完成后，又错了一题，按规定再做两题，待全部完成好，二十分钟过去了，到了楼下乒乓室也就打了半小时就回来了，儿子意犹未尽。

我说："儿子，你看今天我本来想多陪你打一会儿的，但是你自己没认真做，老是出现错误，把你打球的时间给耽误了。"

儿子噘着嘴说："那你就多陪我一会儿么。"

"那不行，我们都要遵守诺言。下次如果你一题都不错，我肯定会陪你打一小时的。"

"那明天你还陪我打一次。"儿子说道。

"行啊，你明天只有英语和语文的朗读作业没完成了，只要读流利了就去打，但都算在总时间一个半小时内。"我说道。

"好啊。"儿子高兴地说道。

吃完晚饭，他急匆匆地拿出书本读了起来，感觉能熟练朗读了才放下课本，去看课外书了。

第二天按照约定，他稍作准备后就读给我听了，因为有昨天晚上的"加餐"，他很流利地读完了。于是，他拉着我兴冲冲地来到球馆。一个小时后，他打得满头大汗，直到喊累才罢手。

回去的路上，我问儿子："今天玩得开心吗？"

"开心啊。"儿子笑着说。

"因为你今天作业完成得非常好，才打得那么尽兴。"我说。

他点了点头。

"任何时候做事情都要分轻重缓急，只有先专心把作业做好，你才能更尽兴地玩耍。你平时在学校，下课生龙活虎，上课却不能聚精会神，作业经常出错，然后你要花时间去订正，玩的时间反而少了，这样算来你觉得合算吗？"我问道。

"是的，有时候我想去打球，给老师叫到教室先订正，心里急着要去玩，心思不集中老是出错。"儿子抓着头不好意思地说。

"所以你要控制好自己的情绪，要有一定的自控力，学习、写作业时全心投入，休息、玩耍时就痛痛快快地玩，你看今天玩得多尽兴啊。"我趁热打铁地说道。

儿子听了频频点头。

孩子是一步一步慢慢成长的，养育孩子、教育孩子是一个艰巨而漫长的过程，如果生来不管，即使是白纸也终将会被抹黑。作为家长，要经常关心孩子，不断接受挑战，并且根据孩子的发展而适当进行引导。而张弛有度的学习，不仅让孩子增强了时间观念，也减轻了对学习的排斥感，在潜移默化中受到教育。

（陆　漪）

书山有路

弹指一挥间，女儿今年已经大学毕业了。一分耕耘、一分收获，16 年来，在老师的教育培养下，女儿从小顽皮成长为老师的好学生和父母的乖女儿，我们上班早出晚归，每天来回奔波 30 多里，看到孩子一天比一天懂事真是虽苦犹甜，快乐珍藏在心里。

生活的艰辛与磨炼是人生最好的教科书，我们平时工作比较忙，上班比女儿早离家，下班比女儿迟到家。因此每天女儿回家还要做饭，然后把熟菜温好，我们回家时，她还主动替我们盛好饭菜。

女儿在老师的教导下，勤奋刻苦学习，多次获得各种荣誉，在成长的道路上一步一个脚印。女儿从一年级开始就养成一个习惯，每天放学后不管作业有多少，都挤出时间阅读有益的课外书籍和报纸。每天家中的《淮海晚报》她都仔细地阅读，每个星期的《中国少年报》必读，每个星期天必到书店逛一圈，每个月的《小读者》《读者》《少年文摘》《儿童文学》必买，每个月还要再从书店租书。女儿已认真读过《西游记》《三国演义》等古典文学名著和杨红樱、黄蓓佳撰写的儿童文学畅销书，在知识的海洋里遨游。她有时看书忘记了吃饭，直到把一张报纸、一本书看完为止，有时看书入迷自言自语，甚至哈哈大笑自得其乐。

明天的中国，希望寄予青年。孩子幸福成长的历程是我们做父母的最大骄傲与欣慰，毛主席把青少年比作早晨八九点钟的太阳，希望孩子明白这句话的道理，为中华民族的崛起而勤奋读书！

（包卫兵）

做一个不唠叨的母亲

孩子上初中了，个子比我还高，长得比我壮实，自我意识越来越强，可是自律性不高。看着他懒散的样子真让人火冒三丈，说他两句，他能还你三句，把我气得血压都要升高了。我不停地告诫自己，要注意方式方法，控制好自己的情绪，不要说教，不要成为一个唠叨的母亲。

一番反思之后，我尝试着改变方法，改变自己，也想改变他。

一、适当拒绝，告之理由

书房的书桌上总是杂乱地放着试卷、书本、尺子、笔，书桌旁的地板上也总是铺满了各科的书本、讲义。孩子自己也说："进入书房如探险，找个东西如寻宝，要小心翼翼，以免踩中有用的书本或讲义。"书房每天都是这样杂乱，以前每次他写完作业，我都让他把书房简单收拾一下，但效果甚微。于是我只得自己帮他收拾。现在我心平气和地告诉他："孩子你上初中了，书房是你的领地，你必须保持它的整洁，这样你使用起来才能得心应手，而且心情愉悦。古人尚且明白'一屋不扫何以扫天下'的道理。这是基本能力，你必须要具备。"

臭袜子到处乱扔，也是他的一个不良习惯。孩子小的时候，由于我和爱人上班忙，就和公公婆婆住在一起，每次看到他乱扔袜子我也说过他，他还以为这很好玩。每次找不到袜子时，他就叫奶奶帮忙。奶奶总是乐此不疲去拿干净的袜子，然后去找他的臭袜子洗干净。时间长了，他都习惯了。趁着孩子脚长大之际，我给他新买了三双不同颜色的袜子，洗过后，告诉他："以后就穿这几双袜子，你自己的袜子自己洗，这是你必须要具备的自理能力。如果你不洗，那你只能穿脏袜子。”

书房我不再收拾，臭袜子我不再洗，时间长了，孩子吃了几次闭门羹，他也不再依赖我们，书房也开始自己收拾了，袜子也能自己洗了，尽管没有达到预想的效果，但是已经有了很大的进步。记得孩子第一次上幼儿园时，哭了，我们都很心疼，但我们还是把他交给幼儿园老师后，头也不回地走了。第二次去幼儿园上学，他就不哭了。后来我们问他为什么不哭了，他说：“哭也没有用，幼儿园还是要上的。”告诉理由，学会拒绝，消除依赖。无须唠叨，也可以让孩子自律。

二、制定契约，适当奖励

“儿子起床了，起床了，七点半了……”

“你别吵了，烦死了！”

“起床了，八点半了。你怎么好意思还睡着……”

“放假了，你怎么也不让我睡懒觉？”

“你一天都睡 12 个小时了，这样懒散下去，怎么得了……”

这是以前经常发生的假期里我叫孩子起床的场景。我的苦口婆心不被理解，还惹来嫌弃。儿子也满腹委屈。于是我们一起制定契约，在制定契约时，我让孩子自己算一算每天睡眠的时间，在保证充足睡眠的前提下，自己设置闹铃，闹铃一响，在十分钟内起床。连续坚持五天，可以奖励在周末玩 40 分钟游戏，或看场电影，或者自由支配自己的时间。制定契约，自己规划，强化时间观念，适当奖励，比唠叨更有效果。

三、尊重兴趣，全力支持

孩子学过钢琴，学过篮球，也学过乒乓球，去年暑假他说要学游泳，我帮他报了游泳培训班，由于疫情影响没有学成。今年暑假我本来准备安排他继续学习游泳，可是孩子说他的几个要好的同学都会打羽毛球，他也要上羽毛球培训班，学点技术跟同学们好切磋。我就为他报了羽毛球班，每天按时接送。15 节羽毛球课结束后，他说自己还是对乒乓球感兴趣，因为他喜欢的王教练意外离世，他的乒乓球课中断了一个学期。假期里孩子想继续学习，我就让他学。对于兴趣班的选择，我尊重他的兴趣，全力支持。对于他不了解的地方，给予适当建议。这样孩子上兴趣班才不会有怨言，因为兴趣是最好的动力，我也无须唠叨。

四、时刻关注，不加干涉

孩子就读于一所优秀的初中，学校有严格的制度，各科老师认真负责，假期作业都有合理的规划，学习氛围浓厚。所以在孩子学习上，我奉行“独立自主，不加干涉”的原则。刚开始我还不放心，不断提醒：“快写作业，写完作业把自己的薄弱学科再看看，补一补……”后来发现没什么效果，买的课外资料，基本没写，每次提醒，还惹一肚子气。干脆我就不问了，随便他什么时候做什么作业，反正老师每天都会检查，即使假期，各科作业也都要求按时提交，没有提交，老师会在群里通报批评。在老师的威严及浓厚的学习氛围影响下，孩子每天都会按时提交作业。对于薄弱学科，各科老师都会有建议，孩子自己处理，我会时时关注，但无须唠叨，也不加干涉。

对孩子使用电子产品的时间，无论是平时还是假期，我都时时关注，严格控制。上传完作业，查找完资料，手机、平板都要上交。每晚睡觉前我都会把手机平板收到自己房间里，刚开始他还会有怨言，时间长了，就养成了习惯。

孩子的成长不仅需要陪伴，更需要智慧的引导，不要唠叨，让我们做一个智慧的母亲，时光不语，让我们静待花开。

（林成红）

第 9 章　忘年文苑

窗前好读书

我不喜欢打麻将，不喜欢追剧，也不喜欢交际应酬，只喜欢宅在家里，于窗前书桌边安静地读书。

书籍和窗户有一个共同点，它们背后都隐藏着无限大的空间，为我展开世界辽阔的一面。打开窗户，蔚蓝的天空，金灿灿的阳光从窗外照进来，照着心爱的书本，心灵在字里行间肆意地徜徉。每个文字喜盈盈地开成一朵小花，朝气蓬勃。阳光进来越多，书中盛下的阳光也就越多，那些花朵开得也就越鲜艳。在这样光线明亮、视野开阔的环境下读书，心里那种愉悦感、幸福感和惬意感，确实难以尽诉笔墨。

白天闲暇时光，我总会坐在窗前捧着《唐诗三百首》阅读，那些意境隽永的古诗，是我平淡无奇日子里一道美味可口的饕餮大餐。怀才不遇，伤时感怀，乐以忘忧，古今人都难免。那些流传下来脍炙人口的作品，一下就说中了我幽微的心事。唐诗极精简的文字，蕴意深远。这正是古典文学穿越千年时空仍然能和今人心灵对话、展现亘古魅力的密码。杜甫的《天末怀李白》《梦李白》，含蓄传递了无限情意，让人叹赏，让人动情于天地间的深情厚谊，不觉间，我亦犹如觅到知音般欣然自得。能够读到这些穿透岁月烽烟依旧光芒万丈的文字，我是何其有幸！

窗前读《史记》《苏东坡传》《明史》等许多历史书籍和古人物传记，思接千载，视通万里。读《史记》中“屈原贾生列传”、《苏东坡传》中“岭南流放”、《明史·于谦传》时，我为屈原、苏东坡和于谦这些历史人物深深扼腕叹息，潸然泪下。历朝历代的悲剧总是重演：忠臣被贬，流落蛮夷之地，不为皇帝所信赖，或被冤杀，终至朝政日隳，国土沦陷，徒留千古的浩叹。人间兴废事，也不过如潮来潮往。江上烟波浩渺，几度夕阳红。

窗前读历史书，心情沉重倍感压抑，赶快调换频道，读当代作家的作品舒缓心情。那本《贾平凹散本集》百读不厌，其中《读书示小妹十八生日书》一文，贾先生殷切地向自己心爱的妹妹教授读书方法：“你若喜欢上一本书了，不妨多读：第一遍可囫囵吞枣，这叫享受；第二遍就静下心来读，这叫吟味；第三遍便要一句一句想着读，这叫深究……”在贾先生看来，一本好书能令人“三月不知肉味”，这是享受读书的最高乐趣。贾先生传授的读书真经让我受益匪浅，谨记先生教诲，在窗前读中国的庄子、李白、苏东坡等古人的诗文，读外国的莎士比亚、雨果、海明威等名家名著，都认真读了三遍，细品“衣带渐宽终不悔，为伊消得人憔悴”的读书乐趣。

元朝诗人翁森有诗曰：“蹉跎莫遣韶光老，人生唯有读书好。读书之乐乐何如？绿满窗前草不除。”坐于窗前，沐一缕阳光，手捧一册书，在字里行间行走、平仄跌宕中摆渡，芬芳了灵魂，温润了岁月。嗯，窗前好读书。

（高桃芝）

春天的意思

读书的时候，语文老师总是按照段落讲解课文，第一段是什么意思，第二段又是什么意思，依次分析给我们听，还要把段落大意写在黑板上，最后总结出整篇课文的中心思想来。而对于“一年”这篇文章，“四季”就是段落，而“春天”成了段落之首，春天的意思既含蓄，也丰满。

冰天雪地的时候，梅花没有惧怕寒冷和一路艰辛，早早地把春天的意思告诉了人们：春天来了，该把心中的希望和梦想放飞，该把新年里的欢聚和激情点燃，该把积郁很久的苦闷和忧愁清零……兔年的春节我在故乡，读懂春天意思的乡民，在细雨蒙蒙中，他们没有聚在一起闲聊，或是到乡村超市“摆长城”，而是肩膀扛着一袋尿素，手里拿着塑料盆，走向了田野，他们要趁着雨水降落的时候，把小麦的追肥撒下去。

夜晚的乡村，一轮明月悬挂在苍穹里，大地宁静祥和，湿漉漉的田野，氤氲着湿漉漉的月色，空气里有凉意也有暖意，好像春天是从冰雪的世界走来，需要蹦蹦跳跳，才能把身子骨变得暖和起来。回乡的次数少，乡民显得更加亲切，儿时玩伴山峰非要拉我一起去野外“晒月亮”。在故乡的春天里，人们喜欢在有月光的晚上，呼朋引伴，沿着弯弯曲曲的乡村土路，走向田野，沐浴着月色，畅享着新年的期盼。故乡今非昔比，变化太大了，所有的道路不仅是标准的水泥路面，而且路的两边安装了太阳能照明灯，我们边走边聊，心情激动着，愉悦着。山峰脑子灵活，最早办起了养猪场，掘得了第一桶金，后来，政府禁止焚烧秸秆，他认为商机来了，立马转行投资购买大型机械回收秸秆。故乡是大平原，也是小麦主产区，麦子机械化收割后，满地的麦秸草急待处理后安排下茬作物黄豆或是稻谷。过去都是一把火烧掉麦秸草，那样既污染环境，也容易引起火灾，所以各地都禁止焚烧秸秆。山峰就是要把这些秸秆集中起来，卖到县生物发电厂里，以实现废物再利用，做一件利国、利民、利己的事情。晒月亮回家的路上，我问山峰："你小子一年能赚多少?""一百万吧!"他回答得很轻松，而后笑道，"要不是党的领导，能有我山峰的今天吗?"如此的春天，如此的月夜，我俩的心情都很激动。

过完年，春天已经上路了，小草在土壤里一步一步向上爬着楼梯；柳枝开始鼓苞；水暖春江，鸭子拍打着翅膀，剪裁着春的信笺；赶春的人们，用车流去追逐梦想，融入新的征程里……

风从远古吹来，虽然跨越久远和洪荒，依然能够让人感受到自天子到大臣、农人们在春天里的仪式感，他们沐浴、斋戒、祭拜天地后，是要扶犁躬耕破土的，把春天播撒在大地里，期待种子发芽，禾苗泛绿……他们深知一年之计在于春，就好像如今的我们要把饭碗牢牢地端在自己手里一样，只有重视春天，重视农业，我们才不会被饥饿所困，手里有粮，心里才不会慌。

春天，在于脚踏实地、在于播种；在于心胸变绿、在于大地姹紫嫣红；在于踏春、在于无限的遐想；在于鸟的啁啾、在于一路高歌……

（张新文）

第10章　他山之石

在玩中创造"奇迹"

儿童游戏中常寓有深刻的思想。游戏可以增加儿童的知识，引发想象力、激发创造力；从游戏的规则中可以学会如何与人合作及自我约束；提供儿童运动的机会，可以促进身体的健康。

——席勒

智慧的可靠标志就是能够在平凡中发现奇迹。

——爱默生

西方有句谚语：淘气的孩子先学一步。孩子好动给人的印象是淘气、调皮，但孩子"动作多"主要是为了探求新东西。他们不满足于现状，总是忙忙碌碌地玩耍，在玩耍过程中自然而然地就形成了创造性思维。有时他们专心致志地玩到废寝忘食的地步。德国孩子的父母一般会观察自己的孩子究竟在玩什么，怎么玩，为什么玩，而不是一概加以阻止。他们坚信，孩子的玩乐能不断地创造各种令人欣喜的"奇迹"。因此德国家庭普遍能够正确对待孩子的玩乐。他们认为孩子的玩乐其实是培养创造力的有益活动。

德国的孩子在家里大多有自己的“作品角”，他们在墙上开辟自己的园地。有的在墙上挂有小画板写写画画，有的布置照片以及一些汽车、飞机、球星等图片，有的用艺术字写名人名言、座右铭或自己的理想等。德国的父母鼓励孩子扮演戏剧角色。父母让三五个孩子一起分角色朗诵莎士比亚剧本名片段和诗歌，有时还让他们自编自演哑剧、小品和滑稽剧等，如假扮饭店、机场或公园里的各种人物，看谁演得像，看谁想象力丰富。

德国的父母允许孩子邀请小伙伴和同学来家里办家庭宴会。房间的布置、装饰和美化都由孩子自己设计，招待的饭菜、食品也是孩子自己去超市选购的。孩子还跟妈妈一起下厨，并给自己做的菜肴起些艺术名称。通过这些小宴会，孩子们学会了交际的礼仪和生活的技能，同时也培养了他们创造性的思维能力。许多德国孩子都有“家庭工具箱”和“实验角”。他们做实验，搞制作，种花，植树，饲养鸟、狗、猫、小松鼠等。孩子每年都有许多自己的新作品参加创造发明比赛。当孩子需要送给别人礼物时，父母鼓励孩子自己制作礼物，而不是花钱买，如新年贺卡、生日卡和小工艺品等。这些小礼物新颖、独特，饱含着浓浓的情谊和美好的祝福。

德国人非常重视保持和发扬这一光荣传统。许多德国家庭，最关心的就是培养孩子的独立思考和动手能力，德国政府也非常重视从小培养学生的创新意识和能力。

近些年，那些投身于“制造科技”的德国老百姓，创造了许多具有突破意义的东西，如发光的口红、卫生间电动刷子等等。从汉堡至慕尼黑，大约有10万名业余研究者。德国发明家协会称，每10项专利登记中就有一项出自普通百姓发明家之手。

（张　静）

过度的“爱”就是害

阿喀琉斯是古希腊神话中的勇士,他的母亲是天上的神,但他的父亲却是一个世间的凡人。阿喀琉斯出生后,他的女神母亲希望自己的儿子成为不朽的神人,就每天瞒着丈夫,把儿子倒提着放在火上烧烤,企图烧掉他父亲遗传给他的凡人的成分。烤完后,再用一种神奇的膏油把他的肌肤治愈。这样一来,阿喀琉斯那被烧烤过的身体变得刀枪不入。后来,阿喀琉斯的父亲发现了这件事,他认为妻子太残忍,就拼命夺回了儿子。这时,阿喀琉斯的身上还有最后一处没有被烤到,那就是被母亲倒提时母亲双手握住的脚跟——也是他全身唯一的弱点。

阿喀琉斯长大后,随希腊人远征特洛伊城,他成为希腊联军的主将。当时特洛伊人严阵以待,双方打了数个回合,希腊人虽然连连取胜,但却不能攻克城池,战争终于变成持久战了,不觉 9 年过去,第 10 年终于发生戏剧性的变化。

阿喀琉斯是个英勇善战的将军,他在战争中屡创奇功,令特洛伊人闻风丧胆。但是有一次,希腊联军的统帅阿伽门农,夺走了阿喀琉斯心爱的女奴,阿喀琉斯非常气愤,从此拒绝出战,他吟诗饮酒,对战争不闻不问。这可是个非常好的机会,特洛伊人乘机反攻,大举获胜。这时,希腊人面临全军惨败的危险,希腊军统帅阿伽门农为了让阿喀琉斯出兵作战,主动提出与他讲和。阿喀琉斯虽然拒绝了与阿伽门农讲和,但他看到惊天动地的血战,心里不由得暗暗为希腊人的命运着急。他让自己的好朋友帕特洛克拉穿上自己的盔甲

出去应战。特洛伊人看到穿着阿喀琉斯盔甲的帕特洛克拉，误以为阿喀琉斯又回来参战了，纷纷向后退去，帕特洛克拉乘机杀了特洛伊联军的主将，大获全胜。

而在后来的战役中，特洛伊王国的另一个王子帕里斯借助太阳神阿波罗的力量，知道了阿喀琉斯的秘密。他用银箭向阿喀琉斯全身唯一一处可以致命的地方——脚跟射去。就这一箭，竟使这位无往不胜的英雄訇然倒地，含恨而亡。

阿喀琉斯被母亲用爱握住的脚后跟，竟成了他最脆弱、最致命的地方，也成了他日后的一大祸患。

因此，古希腊人总结出：对孩子来说，被爱握得最紧、最不肯放手的地方，往往是被爱伤害最深的地方。所以，古希腊人对于自己的孩子，从来不溺爱，而是以最有益的精英方式辅助他们长大成人。另外，当发现自己有弱点的时候，不要不接受这个既成的事实，更不能不承认自己的缺陷。如果狂妄地证明自己是无敌的，盲目地迎接各种挑战，那么弱点很可能就成为被敌人利用的致命伤。

（章　京）